MARCIA LUZ

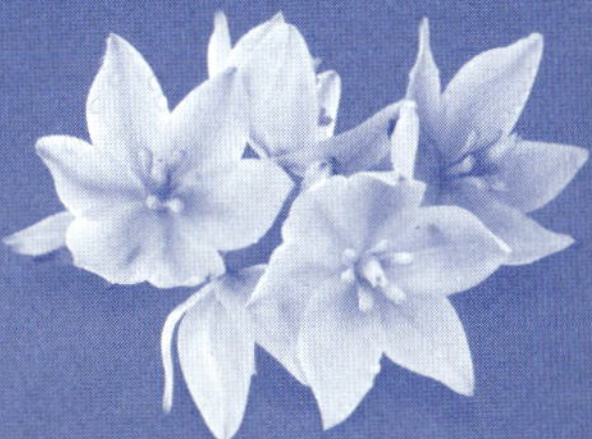

A GRATIDÃO transforma OS SEUS PENSAMENTOS

Construa sua nova realidade por meio de afirmações positivas

DVS EDITORA

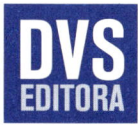

www.dvseditora.com.br
São Paulo, 2017

A Gratidão Transforma
os seus Pensamentos

Copyright© DVS Editora 2017
Todos os direitos para a território brasileiro reservados pela editora.

Nenhuma parte deste livro poderá ser reproduzida, armazenada em sistema de recuperação, ou transmitida por qualquer meio, seja na forma eletrônica, mecânica, fotocopiada, gravada ou qualquer outra, sem a autorização por escrito do autor.

Contato: contato@marcialuz.com.br / www.marcialuz.com

Capa: Marina Avila
Diagramação: Spazio Publicidade e Propaganda
Ilustração: Ivan Querino

Dados Internacionais de Catalogação na Publicação (CIP)
(Câmara Brasileira do Livro, SP, Brasil)

```
Luz, Marcia
   A gratidão transforma os seus pensamentos :
construa sua nova realidade por meio de afirmações
positivas / Marcia Luz. -- São Paulo : DVS Editora,
2017.

   Bibliografia
   ISBN 978-85-8289-160-5

   1. Desenvolvimento pessoal 2. Gratidão
(Psicologia) 3. Motivação 4. Pensamento I. Título.

17-09328                                    CDD-158.1
```

Índices para catálogo sistemático:

1. Gratidão : Desenvolvimento pessoal : Psicologia aplicada 158.1

MARCIA LUZ

A GRATIDÃO transforma OS SEUS PENSAMENTOS

Construa sua nova realidade por meio de afirmações positivas

DVS EDITORA

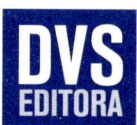

www.dvseditora.com.br

Dedico este livro aos meus tios, padrinhos e segundos pais, José Antônio Raposo (*in memorian*) e Zilma Luz Raposo, que me mostraram que é possível enxergar o melhor lado da vida.

Ainda lembro dos dois juntinhos, de mãos dadas, cantando animadamente uma das músicas do grupo Emaus: "Decolores, decolores são todas as cores, são o arco-íris..."

Agradecimentos

Um livro nasce quando o autor encontra apoio de diferentes pessoas e situações que conspiram para que a mágica aconteça. Neste sentido, gostaria de agradecer:

- » Ao meu marido e eterno namorado, Sergio Reis, que me levou para descansar uns dias em Portugal, pois foi lá – entre uma taça e outra de vinho verde e um delicioso bacalhau – que nasceu a inspiração para esse livro.
- » Aos meus pais, que escolherem os melhores padrinhos de batismo que eu poderia ter. Foi por influência deles que aprendi a enxergar o colorido da vida.
- » À minha audiência, que sinaliza claramente de que maneira posso auxiliá-los por intermédio de meus treinamentos e livros.
- » À melhor equipe de colaboradores que eu poderia sonhar em possuir: Analú, Guilherme, Kamila, Raffaella, Raphaela, Sergio e Viviane.
- » Ao meu editor, Sergio Mirshawka, que dá vida aos meus sonhos.

Que Deus continue abençoando a caminhada de cada um de vocês!

ÍNDICE

Introdução 1

Tudo começa com seus pensamentos 5

Compreenda os diálogos internos 9

Quanto mais eu rezo, mais assombração me aparece 13

O poder das afirmações positivas 17

A gratidão é sua aliada mais poderosa 21

Orientações para a jornada de 33 dias 25

Eu faço acontecer: Autoestima 29

Eu faço acontecer: Saúde 37

Eu faço acontecer: Prosperidade Financeira 45

Eu faço acontecer: Casamento Amoroso
(relacionamento a dois) 53

Eu faço acontecer: Amor 61

Eu faço acontecer: Perdão e Cura de Mágoas 71

Eu faço acontecer: Sucesso Profissional 81

Eu faço acontecer: Qualidade de Vida 91

Eu faço acontecer: mais e mais
Bênçãos em minha Vida 99

É hora de recomeçar 109

Bibliografia consultada 113

Introdução

Seja bem-vindo ao primeiro dia de um novo ciclo em sua existência, quando enfim você irá viver a vida que sempre sonhou, e que talvez acreditasse não estar ao seu alcance.

Prepare-se para ter a saúde física e emocional restabelecidas; para viver relacionamentos equilibrados, adequados e duradouros e usufruir de toda a prosperidade financeira que deseja.

Não, eu não sou sua fada madrinha e não tenho o extraordinário poder de transformar sua vida num passe de mágicas, como num conto de fadas. Até porque, convenhamos, eu e você já estamos bem crescidinhos para acreditar nesse tipo de coisa.

Eu também não tenho a fórmula secreta para mudar sua vida. Eu não, mas você tem! Na realidade, isso sempre esteve à sua disposição, e é provável que você nunca o tenha tentado por mero desconhecimento de todo poder que estava bem ao seu alcance.

É possível que a essa altura você esteja pensando em abandonar esse livro, pois já não agüenta mais a velha conversa encontrada nas pilhas e pilhas de livros de autoajuda que só colaboram para enriquecer os donos das editoras e que no final, nada agregam ao seu cotidiano.

E você tem toda razão. Este livro será mais um de uma série de muitos a menos que você assuma consigo mesmo, e nesse instante, o firme compromisso de colocar em prática tudo o que irá aprender nas próximas páginas.

Lao Tsé, filósofo e escritor chinês, têm uma famosa frase que eu vivo repetindo para a minha audiência: "Saber e não fazer, ainda não é saber". Isso significa que ou você começa a praticar tudo o que vou te ensinar ou nada, absolutamente nada, mudará em seu destino.

Por outro lado, se você realmente não aguenta mais levar a mesma vida engolida, incompleta e infeliz que vem enfrentando nos últimos anos, essa é sua grande oportunidade de utilizar o poder que recebeu de Deus ao nascer e transformar tudo o que não está de acordo com o que deseja – e merece!

Então, a partir de agora, acostume-se a repetir todos os dias esta frase que funcionará como mantra em nossa jornada de transformação: Eu faço acontecer!

Esta frase funciona em todos os contextos da sua vida. Você faz acontecer a saúde e a doença, a alegria e a tristeza, a prosperidade e a escassez, os bons relacionamentos e a solidão. E você faz isso desde o seu nascimento. A questão é que até o dia de hoje você o fazia sem estar plenamente consciente das sementes que vinha plantando, e a partir de agora nós mudaremos essa história e você fará acontecer as coisas que realmente deseja.

E aí, está preparado para seguir comigo nessa jornada? Então vamos lá.

Tudo começa com seus pensamentos

A realidade que você enxerga agora à sua volta já existiu na cabeça de alguém antes de se materializar. A cadeira onde você está sentado, o teto que o protege, o livro que está segurando, tudo isso foi apenas uma ideia, um pensamento, antes de se tornar real.

Da mesma maneira, a vida que você tem hoje é fruto de tudo o que plantou a sua volta. Sim, eu estou afirmando que você construiu a vida que possui e eu sei que talvez seja pesado assumir a responsabilidade pelas bênçãos e mazelas que você enfrenta neste exato momento. A maioria de nós prefere culpar situações externas – a falta de sorte, o meio social, a situação política e econômica, as influencias religiosas, os pais e professores que tiveram – por tudo o que não deu certo na própria vida. Mas, acredite, essa não é a maneira mais poderosa e eficaz de resolver os seus problemas.

Veja bem, eu não estou dizendo que você seja o grande culpado pela vida que tem hoje. Aliás, não se trata aqui de realizar uma caça às bruxas. Você é inocente – todos nós somos. Se você não utilizou melhor os recursos que possuía à sua disposição foi por total desconhecimento, mas isso irá mudar a partir de hoje.

Entenda que pensamentos geram sentimentos. Se você pensa em coisas tristes é assim que se sentirá; se alimenta ideias de raiva e vingança, prepare-se para materializar essas emoções dentro de você; em contrapartida, se os seus pensamentos estão repletos de alegria, amor, fé e otimismo, assim também estará seu coração.

Acontece que sentimentos se transformam em ações. Uma pessoa que alimenta pensamentos de medo, sente-se desencorajada e age de maneira comedida. Já alguém que nutre ideias de conquista e vitória, sente-se destemida, e age com ousadia.

Essas ações tendem a se repetir, transformando-se em hábitos que passam a ocorrer cada vez mais facilmente, sem exigir um esforço extra de sua parte para que se materializem.

Seus hábitos definem o tipo de pessoa que você é, ou seja, seu caráter. E finalmente o seu caráter define o tipo de vida que você terá – o seu destino.

Isso significa que se a sua vida hoje não está acontecendo exatamente da maneira como você gostaria, é necessário mudar os seus pensamentos porque foi lá que tudo começou.

É possível que nesse momento você esteja se perguntando: mas como fazer isso? Eu não sou capaz de controlar meus pensamentos. E aí está um grande engano cometido pela maioria das pessoas. Seus pensamentos são controlados por você sim. Todavia, a maioria de nós desconhece essa importante verdade e, por isso, deixa que seus pensamentos corram soltos e escolham a direção que desejam seguir.

Com um pequeno exercício de imaginação, que será proposto na seqüência, vou te mostrar como você é capaz de conduzir seus pensamentos. Para isso, você terá de ler uma frase por vez e então fechar os olhos por alguns segundos. Somente passe para a próxima frase quando tiver imaginado a anterior, combinado? Então vamos começar.

Eu quero que você imagine:

» Um jardim florido com um pequeno banco de madeira;
» Uma casa branca com janelas azuis;
» Uma bicicleta encostada num muro de cimento;
» Uma menina chorando;
» Um elefante verde com bolinhas amarelas;
» Um cachorro com três cabeças.

E aí, conseguiu? Você deve ter observado que conseguiu imaginar tanto as coisas prováveis de existirem no mundo real como as improváveis. Você determinou e sua mente obedeceu.

Acontece que nós não ficamos o tempo todo atentos ao tipo de pensamento que estamos alimentando. Assim, na maioria das vezes, eles podem tomar um rumo diametralmente contrário ao tipo de vida que você quer ter.

Considerando que são os pensamentos que constroem sua realidade, é fácil identificar os enormes prejuízos que isso tem gerado em sua vida. Seu primeiro passo, portanto, é identificar que tipo de diálogo interno você vem nutrindo em seu dia a dia e na maior parte do tempo. Isso define seus resultados. Lembre-se: Eu faço acontecer!

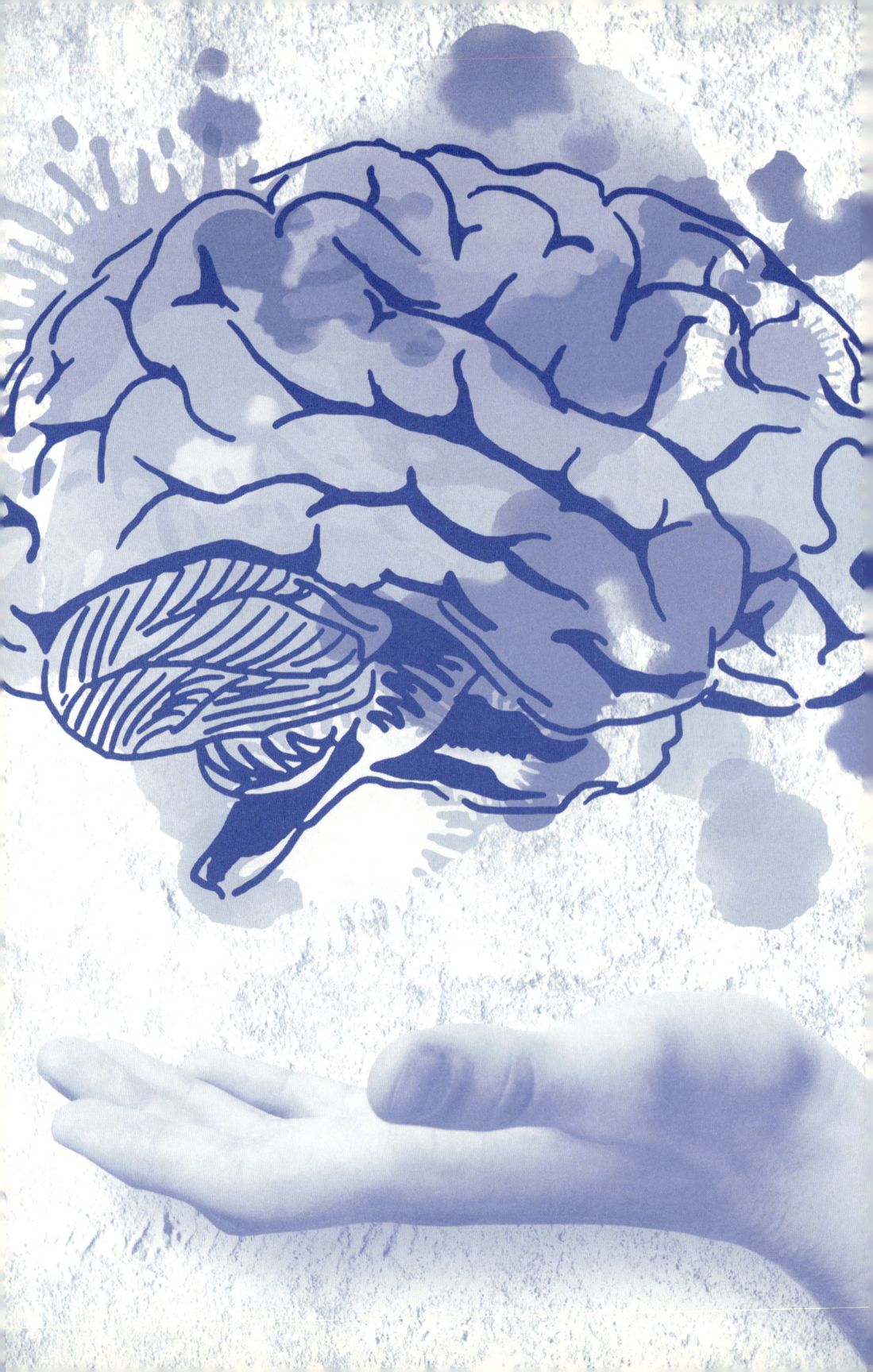

Compreenda os diálogos internos

Diálogos internos são aquelas conversinhas que sua mente consciente trava o tempo todo com sua mente inconsciente, e que são entendidos pela segunda como ordens a serem executadas. É como se a sua mente consciente fosse o comandante de um navio e passasse o dia todo dando ordens ao seu fiel marujo (a mente inconsciente), que não mede esforços para transformar os tais comandos em realidade.

Esses diálogos internos podem ser de dois tipos: (1) negativos ou (2) positivos, que também são conhecidos como empoderadores.

Diálogos internos negativos são aqueles que destroem sua autoestima e autoconfiança. Eles desenham um panorama bastante desagradável à sua volta, normalmente provocado por todos os seus medos ou todas as suas inseguranças. Veja alguns exemplos:

- » Eu não faço nada direito;
- » Esse tipo de coisa só acontece comigo;
- » Meu chefe não vai gostar do meu trabalho;
- » Minhas dívidas são sempre maiores que os meus rendimentos;
- » Por mais que eu me esforce não consigo progredir;
- » Eu só atraio para minha vida relacionamentos sem futuro;
- » Minha saúde fica cada vez mais precária;
- » Já estou velho demais para recomeçar...

E a lista de coisas desagradáveis que você poderá dizer (ou pensar) a respeito de si mesmo é interminável.

Talvez nesse momento você esteja pensando: "Mas, Marcia Luz, a maioria dessas frases reflete a mais pura verdade; é por isso que habitam os meus pensamentos com tanta frequência". A grande questão é: quem gerou o quê.

Acredito que você esteja mesmo enxergando sua vida exatamente dessa forma, do contrário não teria o tipo de problema que enfrenta hoje. Acontece que a realidade não é algo que existe independentemente de nossa percepção; ela é construída a partir da maneira como a enxergamos. Veja a ilustração a seguir:

O ponto de vista que você escolhe para enxergar a realidade – que nada mais é que uma junção dos seus pensamentos – é o que define seus sentimentos. Estes, por sua vez, geram ações. Essas ações viram hábitos que constroem o seu caráter e, finalmente, traçam o seu destino.

E a boa notícia é que esses pensamentos podem ser substituídos por diálogos internos positivos ou empoderadores. Assim teremos um novo panorama:

A ideia de:

"Eu não faço nada direito"

Transforma-se em:

"Eu sempre ofereço o meu melhor";

"Esse tipo de coisa só acontece comigo" **torna-se** "Novas oportunidades aparecem em meu caminho o tempo todo";

"Meu chefe não vai gostar do meu trabalho" **torna-se** "Estou sempre colaborando com os resultados da minha empresa e facilitando o trabalho do meu líder";

"Minhas dívidas são sempre maiores do que os meus rendimentos" **torna-se** "Tenho prosperidade financeira e abundância em minha vida";

"Por mais que eu me esforce não consigo progredir" **torna-se** "Diariamente cresço como profissional e ser humano, conquistando novos objetivos";

"Eu só atraio para minha vida relacionamentos sem futuro" **torna-se** "Atraio sempre as pessoas certas para a minha vida";

"Minha saúde fica cada vez mais precária" **torna-se** "Sou saudável física e emocionalmente";

"Já estou velho demais para recomeçar" **torna-se** "A cada dia descubro em mim novas capacidades e competências e coloco todas elas a favor de uma vida plena e feliz para mim e meus familiares".

Isso não significa que a partir de agora você vai ter que vigiar seus pensamentos 24 horas por dia, 7 dias por semana, 30 dias por mês. Você só precisará fazer um esforço consciente até que isso se torne um hábito. Depois, mesmo sem perceber, seus pensamentos estarão fluindo na direção da vida que você deseja.

E fique tranquilo, pois este livro tem como objetivo justamente ajudá-lo a implantar esses novos pensamentos em sua mente. Neste sentido, vou pegá-lo pela mão e ensiná-lo como fazer essa mudança de maneira simples, rápida e muito prazerosa, como a vida tem que ser. E lembre-se de continuar repetindo muitas vezes: Eu faço acontecer!

Quanto mais eu rezo, mais assombração me aparece

Antes de começarmos esse trabalho de reprogramar a sua mente com diálogos internos empoderadores, de tal forma que você possa construir todo o sucesso que deseja e merece, deixe-me explicar porque você não obtém bons resultados quando tenta utilizar a força do pensamento positivo a seu favor. Aliás, em geral ocorre exatamente o que você mais temia, não é mesmo? Lembra da frase? "Quanto mais eu rezo, mais assombração me aparece". Vou explicar porque isso ocorre.

Émile Coué, terapeuta da autossugestão, descobriu que quando os seus desejos e a sua imaginação estão em conflito, a segunda invariavelmente ganha a batalha. Imagine que você deseja muito conseguir aquela promoção em sua empresa. Você acha que está preparado, que fez por merecer, que faz jus à promoção. E este é o seu desejo. Porém, você não consegue desligar uma vozinha interior que diz: "Que promoção, que nada. Esse chefe jamais te daria essa oportunidade. Eles só querem te sugar. Você nunca terá chances aqui dentro". Você chega até a ver a cena de seu chefe comunicando que aquela outra fulaninha levou a vaga. Essa é sua imaginação. E, como eu disse, infelizmente ela vencerá a batalha. Ou seja, sem perceber você está trabalhando contra si mesmo.

Você só aprendeu a andar de bicicleta quando parou de se imaginar esborrachando no chão e conseguiu acreditar em sua capacidade. Pois bem, isso vale para absolutamente TUDO na vida.

Então por mais que você se esforce para acreditar que as coisas irão melhorar, não alcança resultados porque sua imaginação – alimentada pelos seus temores de que as coisas continuem ruins (ou até piorem) – está trabalhando contra você. E o que eu vou te ensinar agora é como mudar isso, utilizando o poder de seus pensamentos. Então, continue repetindo: Eu faço acontecer!

O PODER DAS AFIRMAÇÕES POSITIVAS

A ferramenta poderosa que utilizaremos para reprogramar a sua mente para as coisas que você quer realizar em sua vida é na verdade um conjunto de afirmações positivas. Fazer afirmações positivas significa escolher conscientemente os pensamentos que serão alimentados e repetidos em sua vida HOJE, para construir o FUTURO que você deseja.

Isso significa que, a partir de agora, plantaremos as sementes certas ao seu redor para que em breve possamos colher os frutos que desejamos para a sua vida.

Por exemplo, se você quer prosperidade, começará a repetir a partir de hoje: "sou muito próspero". Entenda que sua mente não diferencia o real do imaginário, portanto, quando sua mente consciente – o comandante do navio – ordenar que sua mente inconsciente providencie prosperidade, ela simplesmente responderá: "Seu desejo é uma ordem, capitão" e começará a trabalhar firme para providenciar tal estado de coisas.

Mas não se iluda, pois velhos hábitos lutam para não desparecer. Sua mente tentará boicotar sua iniciativa de mudança, com frases do tipo: "Que prosperidade, que nada; deixe de ser idiota. Olhe à sua volta; as dívidas só aumentam. Prosperidade não é para você".

Quando esses pensamentos vierem, não tente lutar contra eles, tampouco se considere derrotado. Apenas repita 3 vezes em voz alta: "CANCELA, CANCELA, CANCELA", e deixe-os partir como nuvens no céu. Em seguida, imediatamente após essa ação, volte a repetir as afirmações positivas.

Você enfrentará uma verdadeira batalha interna, mas fique tranquilo, pois no final sairá vitorioso, principalmente agora que possui o método certo de reprogramação mental à sua disposição.

Então, repita em voz alta sentindo-se realmente poderoso: Eu faço acontecer!

A GRATIDÃO É SUA ALIADA MAIS PODEROSA

Existem basicamente duas classes principais de pensamentos: os negativos (ou destruidores) e os positivos (ou empoderadores). Acontece que os dois não conseguem coexistir lado a lado. Portanto, se você estiver numa sala escura e, de repente, acender as luzes, a escuridão dará lugar à claridade. Do mesmo modo, se você estiver triste e deprimido e começar a alimentar pensamentos felizes, necessariamente a depressão irá embora para dar lugar à felicidade.

Assim, se você deseja uma vida repleta de bons relacionamentos, saúde e prosperidade financeira; uma vida em que consiga se sentir bem com o reflexo de si mesmo no espelho todos os dias, precisa alimentar pensamentos que sejam coerentes com tudo isso.

E a arma mais poderosa para se combater os pensamentos negativos e sabotadores, que nós estudiosos do comportamento humano já identificamos nos últimos tempos, é a GRATIDÃO.

O indivíduo grato regozija-se com as bênçãos que ocorrem o tempo todo e, com isso, abre as portas para que mais acontecimentos positivos aconteçam.

A vida nos dá mais do mesmo; então se você concentra sua energia nas doenças, nas dívidas, nas mágoas, no rancor, nos problemas que enfrenta hoje, é mais disso que terá; no entanto, se o seu foco é direcionado para as boas coisas da vida, terá cada vez mais motivos para agradecer.

Talvez você esteja se perguntando nesse momento: "Mas, Marcia Luz, eu cheguei no fundo do poço; minha vida está realmente ruim, como posso encontrar motivos para agradecer"?

Olha, eu entendo que quando a gente está vivenciando um grande desafio, uma grande dificuldade, o mundo parece que fica todo em preto e branco. Mas lembre-se: sempre existirão outras formas de olhar a realidade à sua volta, e isso é uma escolha pessoal. Você quer mesmo continuar concentrando sua atenção nas reclamações e na dor, e assim atrair mais de tudo isso? Ou deseja mudar sua realidade agora, praticando a gratidão?

Nesse momento, convido você a seguir adiante comigo, pois nas próximas páginas navegaremos pelas áreas mais importantes de sua vida, reprogramando-as com o auxílio da poderosa energia da gratidão e das afirmações positivas.

Nós próximos 33 dias nós trabalharemos as seguintes áreas de sua vida: autoestima, saúde, prosperidade financeira, casamento amoroso (relacionamento a dois), amor, perdão e cura de mágoas, sucesso profissional e qualidade de vida.

Imagino que não cobriremos todos os aspectos que você considera fundamentais; no entanto, após trabalharmos juntos as oito áreas acima, você estará pronto para construir suas próprias afirmações positivas, e sobre qualquer tema que desejar.

E ficarei feliz em receber e divulgar para a minha audiência as afirmações positivas de sua autoria. Para isso basta enviar um e-mail para suporte@marcialuz.com, compartilhando as frases de sua criação.

Orientações para a jornada de 33 dias

Talvez você esteja se perguntando porque 33 dias. Bem, por muito tempo acreditou-se que fossem necessários 21 dias para instalar um novo hábito. Porém, descobriu-se que isso não é verdade.

O estudo recente de Jane Wardle, da University College de Londres, publicado no European Journal of Social Psychology, afirma que para transformar um novo objetivo ou uma nova atividade em algo automático, de tal forma que não tenhamos de contar com "força de vontade" para realizá-lo, precisaremos de 66 dias para uma atividade complexa, e em torno de 33 dias para coisas mais simples. É nesse último grupo que se encaixa a gratidão. E vale ressaltar que isso tem funcionado perfeitamente em minhas pesquisas.

Até o momento, mais de 20 mil pessoas entre alunos e integrantes de minha audiência já utilizaram minha metodologia da gratidão, e o prazo de 33 dias tem sido suficiente para construir o novo hábito que queremos perpetuar a partir de hoje.

Resumindo: durante 33 dias você me dará alguns minutos por dia para que eu o ajude a reprogramar a sua mente com afirmações positivas de gratidão. Em troca, eu lhe darei o resultado.

Veja agora como você deve realizar os exercícios. Nós iremos trabalhar oito áreas específicas, na seguinte ordem:

1. Autoestima
2. Saúde
3. Prosperidade Financeira
4. Casamento Amoroso (relacionamento a dois)
5. Amor
6. Perdão e a Cura de Mágoas
7. Sucesso Profissional
8. Qualidade de vida

Trabalharemos em uma área por dia durante os primeiros oito dias. Em seguida, recomeçamos o processo por mais oito dias, e assim sucessivamente até repetirmos quatro vezes a sequência e chegarmos ao 32º dia.

Para completar os 33 dias, você terá um capítulo bônus, com frases positivas que abordem diferentes aspectos da sua vida, mas que ainda não tenham sido trabalhados, como por exemplo: criatividade, filhos, espiritualidade, caridade, caráter, sexualidade, entre outros.

Você poderá fazer os exercícios diariamente lendo o capítulo do livro correspondente ao dia em que estiver na jornada, ou ouvir os áudios que acompanham esse livro. Se puder fazer os dois, seus resultados acontecerão de maneira ainda mais rápida. Então vamos começar já. E lembre-se de continuar repetindo o nosso mantra poderoso, que, aliás, já está transformando a sua vida em algo muito melhor: Eu faço acontecer!

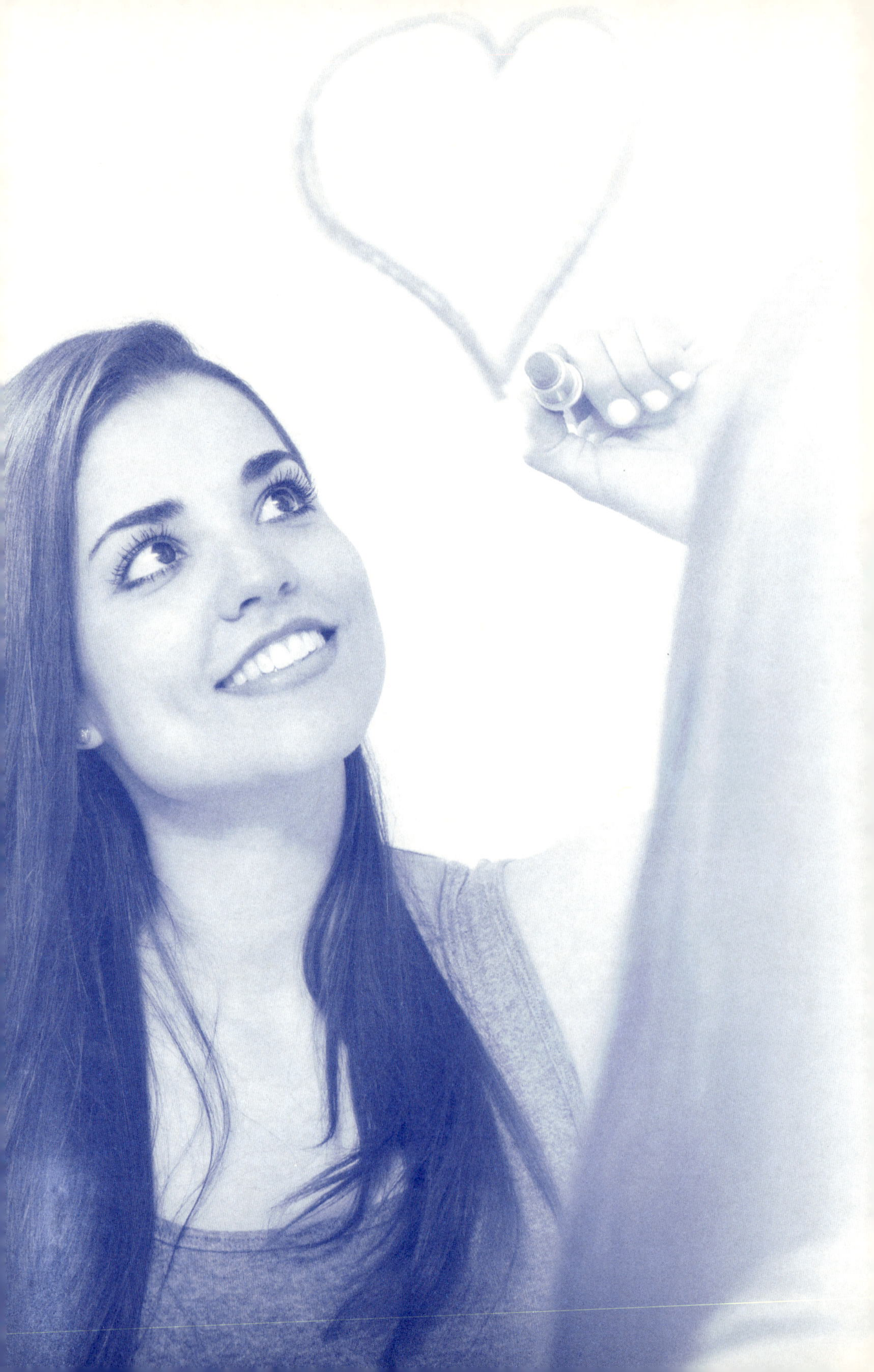

Eu faço acontecer:
Autoestima

Vamos começar a nossa jornada pela autoestima. Afinal, enquanto você não se fortalecer internamente não estará preparado para enfrentar todas as outras batalhas que virão pela frente, seja na vida pessoal ou profissional.

Jesus foi claro em seus principais mandamentos: "Amai a Deus sobre todas as coisas, e o próximo como a ti mesmo". Veja bem: Ele não disse ame primeiro o próximo, ou ame mais o próximo do que a si mesmo, nem mesmo no caso de estarmos falando dos seus filhos ou do seu marido.

Sabe porquê? É simples: ninguém dá o que não tem.

Uma mãe zelosa que abre mão de si mesma para dedicar-se aos filhos está cometendo um erro duplo: 1- ensinando-os a serem egoístas; e 2- entregando a eles um amor de menor qualidade, uma vez que essa mãe não se encontra fortalecida e/ou plena como poderia estar se cuidasse de si mesma em primeiro lugar.

Desde que comecei a andar de avião, as orientações de emergência oferecidas pelas aeromoças antes de cada vôo sempre me chamaram muito a atenção: "Em caso de despressurização da cabine, máscaras de oxigênio cairão automaticamente sobre você. Pegue uma delas, coloque sobre a boca e o nariz e respire normalmente. Se alguém ao seu lado precisar de auxílio, PRIMEIRO coloque a sua máscara".

Confesso que eu ouvia isso e pensava: "Mas e se a outra pessoa estiver precisando de ajuda"?

Resposta: primeiro coloque a sua máscara.

"Mas e se a pessoa ao meu lado for o meu filho de cinco anos de idade precisando de ajuda"?

Resposta: primeiro coloque a sua máscara.

Sabe por quê? Porque se você atender primeiro o seu filho, mas não tiver tempo de colocar a sua máscara, poderá desmaiar. Nesse caso, seu filho poderá se desesperar e retirar a máscara dele também. Contudo, você não terá mais condições de auxiliá-lo. Em contrapartida, se você já estiver bem, poderá ajudá-lo quantas vezes for necessário.

Primeiro você! E por falar em filhos, quando minhas filhas eram mais novas, costumávamos passear no *shopping*. Nessas ocasiões, nós utilizávamos o banheiro público. O problema é que, no momento de lavar as mãos elas nunca alcançavam o porta toalhas, que ficava muito alto. Então, eu como mãe zelosa e dedicada, entregava a elas as toalhas de papel, que obviamente as recebiam molhadas. Quando eu resolvi pensar primeiro em mim, elas começaram a receber as toalhas secas!

Ninguém dá o que não tem. Então vamos iniciar essa jornada de 33 dias fortalecendo a sua autoestima e autoconfiança.

Entenda autoestima como aquilo que você pensa acerca de si mesmo. Se você pensa coisas boas, se entra em contato com suas qualidades e virtudes, terá uma autoestima positiva. No entanto, se você foca sua atenção em seus defeitos e erros, se sentirá cada vez mais enfraquecido e, assim, perderá toda sua autoconfiança, construindo uma autoestima completamente rebaixada.

Ora, você já aprendeu que é SEU o poder de escolher seus pensamentos. Se você pensa coisas agradáveis a seu respeito, se nutre pensamentos de carinho em relação a si mesmo, terá cada vez mais motivos para se regozijar, então é isso que vamos fazer, combinado?

Comece tendo a clareza de que o ser humano não tem defeitos; ele tem apenas potenciais a serem desenvolvidos, afinal, Deus não comete erros. Na verdade, você já sabia disso ao nascer; era uma criança linda e cheia de vida, amava cada uma de suas conquistas.

Você gostava tanto de si mesmo que era capaz de apreciar seu próprio cocô. Caso a sua mãe não fosse rápida o suficiente, você não perdia a oportunidade de pegá-lo nas mãos para sentir a textura...

Alguns aninhos depois, quando fazia um desenho na escola – ainda que fosse apenas rabiscos –, chegava em casa todo orgulhoso e logo mostrava a seus pais a obra de arte que havia criado.

Porém, com o passar do tempo você começou a enfrentar obstáculos, a ouvir as primeiras advertências, a submetendo-se a limites reais e imaginários e, por causa disso, também foi perdendo sua autoconfiança e seu amor próprio. Mas a partir de hoje vamos mudar isso e resgatar a criança linda e amada que você já foi um dia.

Lembre-se que é você quem faz acontecer a sua autoestima, e fará isso da maneira certa, reprogramando a sua mente por meio de afirmações positivas de gratidão a seu respeito.

Para ter um resultado mais rápido, você poderá contar com a ajuda de um espelho, dizendo as frases poderosas que usaremos aqui e olhando para os próprios olhos. Você já disse muitas coisas cruéis e desagradáveis a seu respeito, agora sua alma anseia pelo amor que você tem de sobra para dar a si mesmo.

Aprendendo a se amar e a nutrir o seu espírito com o amor que tudo cura, você estará pronto para dar o verdadeiro amor para outras pessoas – e para recebê-lo de volta.

A partir de hoje você escolherá novas palavras de gratidão para utilizar acerca de si mesmo e, com isso, abrirá as portas para que muitas bênçãos comecem a chegar em sua vida.

Afirmações positivas de Gratidão para a

Autoestima

❋ Agradeço todos os acontecimentos passados da minha vida que ajudaram a moldar a pessoa que sou HOJE.

❋ Sou apaixonada pelo meu corpo.
Cada detalhe em mim é importante,
único e especial.

❋ Sou genial. Sou inteligente.
Sou essencial.

❋ Eu tenho capacidade suficiente para assumir qualquer desafio que surgir em minha vida.

❄ Eu escolho me amar todos os dias.

❄ Eu amo e respeito as pessoas que estão a minha volta, e elas retribuem todo o carinho dado por mim.

❄ Eu reconheço minhas qualidades e sei que posso ir muito mais além.

❄ Olho no espelho e vejo apenas o amor na minha vida.

❄ Tenho consciência de que faço a diferença na vida de todos ao meu redor.

❄ Estou preparada para conquistar meus objetivos e realizar os sonhos que moram dentro de mim.

❄ Quando chego nos lugares minha energia contagia positivamente o ambiente.

❄ Sou grato porque tudo que eu toco funciona. Tudo que me proponho a fazer é executado com excelência.

Todos os dias vivo uma aventura ao descobrir a extensão das minhas aptidões e habilidades.

- Tenho uma personalidade encantadora e marcante que atrai olhares e esboça sorrisos.

- Minhas opiniões e ideias merecem ser valorizadas. Eu reconheço o valor que possuo.

- A forma como eu me amo é o modo como ensino os outros a me amarem.

- Eu tenho direito de recomeçar. Posso ser uma pessoa diferente amanhã.

- Estou em um eterno processo de aprendizado e evolução. O sucesso e o progresso estão à minha espera. Sei que posso conquistá-los.

- O único limite existente é a linha do horizonte, que está infinitamente longe de mim.

- Eu reforço padrões e crenças fortalecedoras dentro de mim, que ajudam a moldar a minha essência. Eu nasci livre e serei livre até o fim.

Eu me abraço e curto esse momento. Sinto a minha pele macia e o meu perfume inebriante. Gosto de contemplar a beleza de ser quem eu sou.

- ❄ Todos nós temos a mesma capacidade e o mesmo potencial para conquistar grandes resultados. Eu mereço apenas o melhor.

- ❄ As palavras positivas a meu respeito me ensinam a confiar ainda mais no meu caráter.

- ❄ Apenas boas energias e bons pensamentos moram dentro da minha mente. Isso pode ser visto através das minhas atitudes.

- ❄ Eu escolho transbordar alegria e amor para todos os lugares que vou.

- ❄ O único reconhecimento que preciso é o atestado da minha consciência que diz o quanto eu sou incrível.

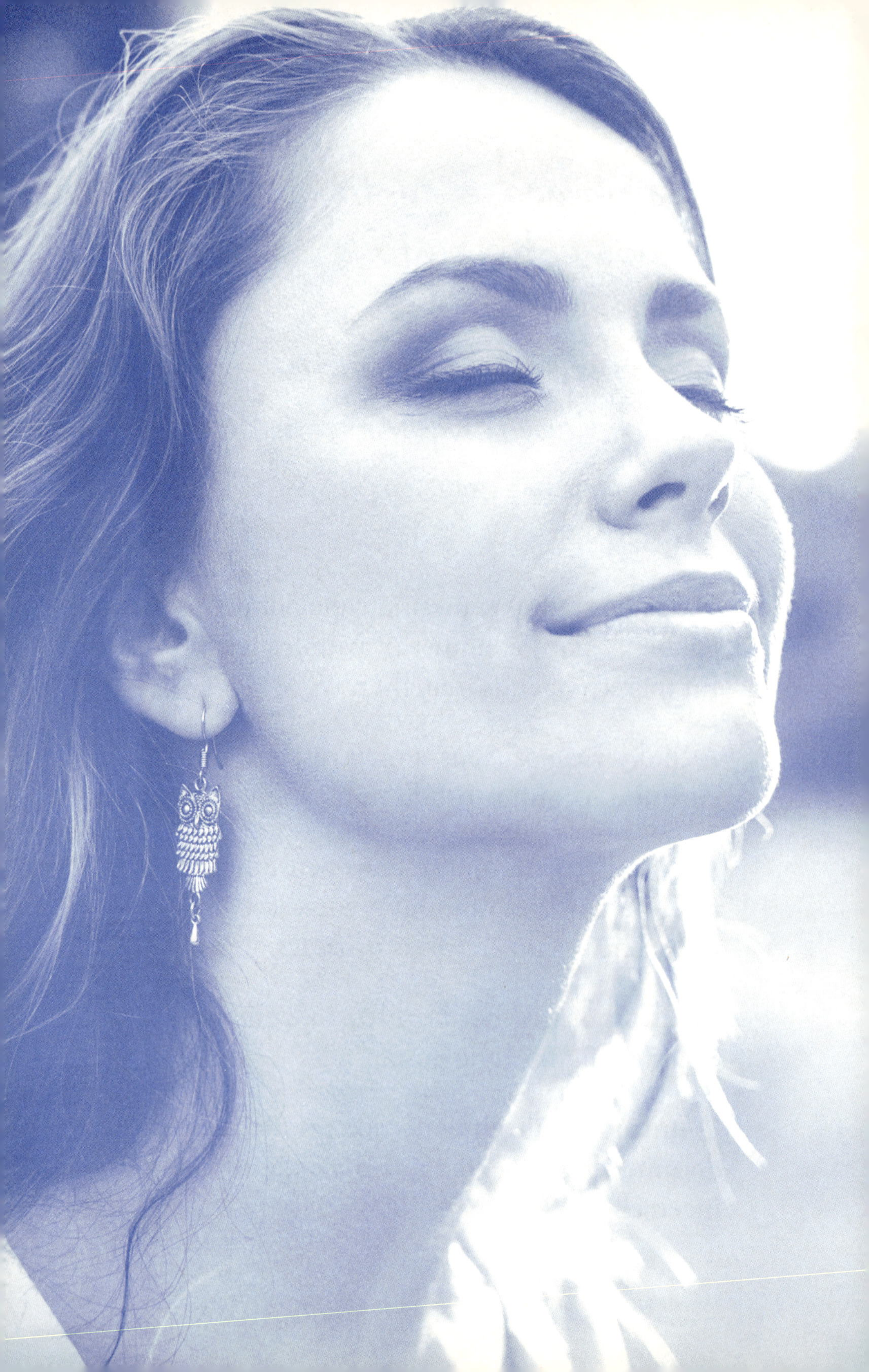

Eu faço acontecer:
Saúde

Para entender como restabelecer e manter a saúde física e emocional em nossa vida, é importante compreender porque adoecemos.

A doença nada mais é que a perda do equilíbrio interno, o rompimento da harmonia entre corpo e mente; sua origem encontra-se em nossas emoções mal administradas. Assim, podemos afirmar que não existem "doenças" no plural. Existe uma só "doença", que significa a quebra de equilíbrio interno. E dependendo do tipo de emoção que está sendo represada, uma parte diferente do corpo manifestará os sintomas da doença.

Existem diversos fatores que podem desencadear o aparecimento dos sintomas de uma doença, no entanto, o único responsável pelo seu surgimento é o próprio doente. Veja bem, eu não estou falando de culpa, mas de responsabilidade.

De nada vai adiantar se sentir culpado por ter adoecido; isso, aliás, só vai detonar sua autoestima e autoconfiança. Por outro lado, saber que você adoeceu porque escolheu os pensamentos, os hábitos e as atitudes erradas é muito empoderador, porque é possível fazer o caminho inverso e retomar a sua saúde e o seu bem-estar.

Os sintomas aparecem para nos mostrar onde está o desequilíbrio e o que precisamos consertar dentro de nós. Escolhas equivocadas construíram o panorama que você está vivenciando hoje, e cabe a você corrigir o rumo de sua vida.

Seu corpo é um templo de gratidão, e todo templo precisa ser tratado com respeito e consideração. Você não despejaria lixo dentro de um local que considera sagrado; no entanto, faz isso muitas vezes com o seu corpo, ao entupir-se de comida ou ingerir alimentos que só trazem prejuízo para a sua saúde; você desrespeita seu corpo ao dormir menos que o necessário e ao se expô-lo a situações de estresse e excesso de ansiedade.

Suas células trabalham incessantemente para mantê-lo saudável, e ao nutrir sentimentos de gratidão você colabora diretamente para o sucesso da missão delas.

Toda cura física passa necessariamente pela cura emocional, e todo trabalho de cura emocional tem como pilar central o AMOR. Isso mesmo. Todos os desequilíbrios do fluxo emocional escondem uma falta de amor por você mesmo, pelas pessoas à sua volta, pelo mundo ou pela própria vida.

E é este ponto específico que vamos bombardear com nossas afirmações positivas de gratidão. A partir de hoje você verá que saúde não é uma questão de ter herdado a melhor genética, e sim de equilibrar suas energias e lidar corretamente com suas emoções.

Sempre que um sintoma aparecer, pergunte a ele qual é a informação valiosa que está procurando trazer à tona acerca de suas atitudes. É incrível o descaso que muitas pessoas manifestam em relação à própria saúde. Quer ver?

Se o seu carro começa a fazer um barulho estranho que não deveria estar lá, que talvez seja motor ou algo ainda mais sério, o que você faz? Provavelmente corre numa oficina mecânica no mesmo dia antes que as coisas piorem, não é mesmo?

Mas e quando seu corpo começa a fazer "barulhos estranhos", a manifestar desequilíbrios, o que você faz? Muitas vezes entope-se de remédios para atenuar os sintomas dizendo: "Não tenho tempo para ficar doente". Ou seja, seu carro está sendo tratado com mais cuidado e respeito do que você mesmo!

Seu corpo é um templo de gratidão. Trate-o com o respeito e o carinho que ele merece, e preste atenção às mensagens que a doença está te trazendo.

Para aprofundar ainda mais este assunto, procure o meu livro *A Gratidão Transforma a sua Saúde* ou o curso *on-line* com o mesmo nome no link: http://agratidaotransforma.com.br/saude. Você terá acesso a 33 exercícios que o ajudarão a restabelecer sua saúde física e emocional.

Outra coisa muito importante é aprender a colocar o foco na saúde e não na doença. A tendência é fazermos exatamente o contrário. Se um órgão de seu corpo adoece, é apenas nele que você presta atenção. Assim, ao invés de manifestar gratidão por todas as outras áreas do corpo que estão funcionando perfeitamente, você apenas reclama e lamenta pela parte que não vai bem.

Como a vida dá mais do mesmo, uma vez que seu foco está na doença, é mais disso que terá. Se o seu estômago não vai bem, tome as providencias necessárias, mas não deixe de agradecer pelos seus rins, pelo fígado, pelo coração e pelos pulmões que estão funcionando a pleno vapor.

Se o seu corpo está gritando por amor, não meça esforços para oferecer-lhe isso. Alimente bons pensamentos, mude seus hábitos de saúde e goze de uma vida plena, mesmo depois de comemorar seu nonagésimo aniversário.

Afirmações positivas de Gratidão para a

Saúde

❄ Agradeço pelos meus pensamentos serem sempre agradáveis e felizes. Sei que eles influenciam na saúde do meu corpo, por isso, mentalizo apenas o melhor.

❄ Eu escuto a minha voz interior quando ela me avisa que preciso prestar atenção no meu entorno.

❄ Ingiro alimentos e bebo líquidos que farão apenas bem para cada célula existente no meu corpo. Eu respeito minha saúde.

❄ Quando acordo, eu escolho viver uma vida saudável todos os dias.

❄ Eu me abasteço de toda a alegria, de todo o amor, de toda a sensação de vitória e de todo o sucesso que habitam em meu coração, e assim experimento uma vida de paz de espírito.

❄ Sou grato porque vim parar nesse mundo para ser feliz, e é assim que viverei até o último sopro da minha existência.

❄ Eu sou forte, saudável e capaz. Tenho disposição para executar meu propósito de vida.

❄ Tenho prazer em cuidar do meu corpo. Envolvo-me apenas em coisas que sei que farão bem a ele.

❄ Durmo muito bem à noite. E assim sei que acordarei todas as manhãs mais tranquila, bem-humorada e feliz.

❄ Sou grata por respirar. O oxigênio entra em meu corpo e alimenta as minhas células. Ele me presenteia com um novo amanhecer.

❄ Eu pratico atividade física por que sei que me sinto cada vez melhor e mais bem-disposto. Isso traz bem-estar e saúde ao meu ser.

❄ Amanhã será um dia repleto de grandes aprendizados e eu terei prazer em vivenciar cada um deles.

❄ Dou boas-vindas à tranquilidade, ao relaxamento e à paz. Escolho confiar em minha capacidade de encarar situações adversas.

❄ Estou em paz. Meu corpo e minha mente descansam na plenitude do meu ser.

❄ As mudanças em minha vida são todas bem-vindas. Elas me fazem crescer e amadurecer para que eu esteja pronta para novos desafios.

❄ Eu saúdo a vida e o universo. Estou feliz por poder acordar para mais um dia em que poderei mudar a realidade à minha volta.

❄ Eu estou protegida pela luz que me cerca. Serei bem cuidada em qualquer tratamento médico que precisar fazer.

❄ Permito que meu corpo atraia toda a energia positiva de que necessitar. Essa luz inunda os meus órgãos e as minhas células, e traz a cura para meu ser.

❄ Meu estilo de vida é apenas uma amostra do respeito que sinto pela minha existência.

- ❊ Agradeço ao universo por estar viva, com atitudes que inundam de amor outras pessoas.

- ❊ Ajudar outras pessoas faz muito bem para a minha alma. Ao doar um pouco de amor, sou regenerada e uma intensa alegria inunda o meu ser.

- ❊ Eu devolvo ao meu corpo todo o cuidado que ele tem comigo. Eu o alimento com palavras positivas para que possa viver de maneira saudável.

- ❊ Desfruto da vida com o entendimento de que para ter uma ótima saúde preciso apenas estar ligado aos bons sentimentos.

- ❊ A cada dia me aproximo mais de meu peso ideal e estou conquistando isso com saúde e energia.

- ❊ Sinto uma profunda gratidão por estar VIVO.

Minha saúde mental é perfeita. Capto apenas mensagens de amor e carinho que iluminam o meu caminho.

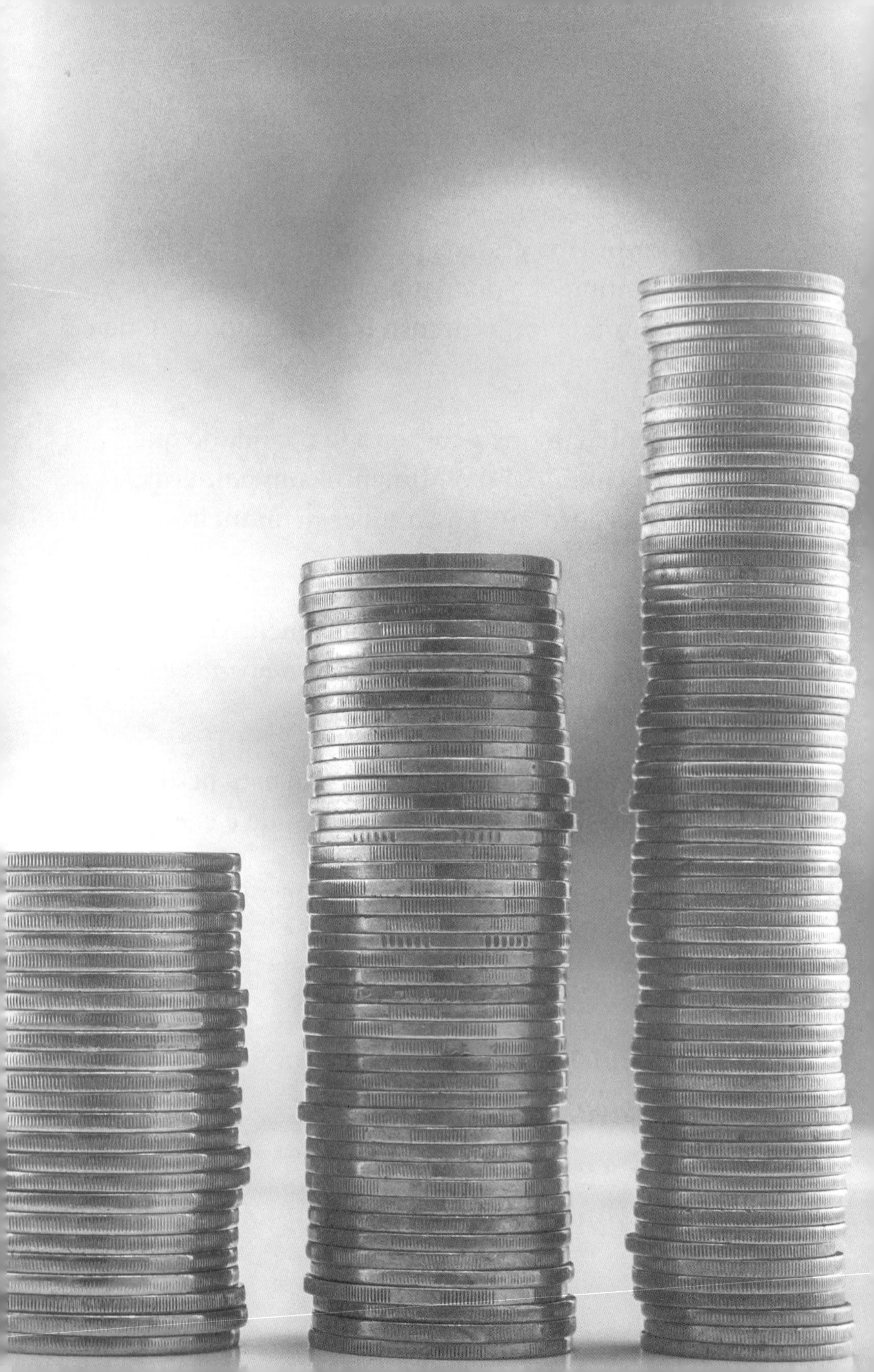

Eu faço acontecer:
Prosperidade Financeria

Meus 25 anos de experiência, que ajudaram no desenvolvimento de mais de 250 mil pessoas, me permitiram constatar que a grande maioria dos seres humanos possui programações mentais negativas em relação ao dinheiro, advindas das mensagens assimiladas na mais tenra infância, e de experiências ruins que porventura tenham enfrentado.

Bem, é através da prosperidade financeira que conseguimos ter acesso a uma melhor qualidade de vida, a estudos, a viagens, enfim, a uma trajetória realmente próspera em todos os sentidos, que é o que todo o ser humano merece.

Sem resolver as finanças, várias outras áreas de sua vida ficam travadas e boa parte dos problemas que você tem hoje começam a ser resolvidos assim que mudarmos seu *mindset*, ou seja, seu padrão mental acerca do dinheiro.

Mais importante que saber investir seu dinheiro, ou como poupá-lo, é a consciência de como você o sente, de como o vê, e com que sentimento você o toca.

De nada adiantará ser um *expert* em investimentos na bolsa de valores, ou saber fazer ótimos negócios, se no fim você gastar tudo ou perder todo esse dinheiro, e viver endividado e frustrado com uma situação criada a partir de pensamentos e sentimentos equivocados que culminam em ações desastrosas.

Não é raro depararmos com casos de pessoas que ganharam muito dinheiro, seja porque acertaram os números da mega sena ou porque receberam uma herança inesperada, mas logo em seguida conseguiram perder tudo, voltando a um estado de miserabilidade – , muitas vezes até pior do que no estágio anterior ao ganho do dinheiro. Isso ocorre porque a conta bancária mudou, mas o *mindset* ou modelo mental daquele indivíduo continuou sendo o de pobreza e escassez.

Lembre-se: pensamentos geram sentimentos, que, por sua vez, produzem ações. Vamos trabalhar afirmações poderosas de gratidão para que seu mundo de sensações em relação à prosperidade também mude, e suas ações para alcançá-la sejam efetivas.

Você precisa fazer as pazes com o dinheiro. Não, ele não é o grande vilão da humanidade. Esse posto cabe à avareza e à falta de caridade, que aliás, costumam estar presentes muito mais em pessoas com poucos recursos financeiros que nas mais abastadas.

Pessoas que prosperam financeiramente tendem a praticar a generosidade e a doação; do contrário, suas vidas não se manteriam bem por muito tempo e sairiam do fluxo de geração de riquezas.

Talvez nesse momento você esteja se perguntando como pode praticar a generosidade se mal consegue sair das dívidas e pagar as próprias contas. E para responder essa pergunta, quero compartilhar com você um conselho que certa vez ouvi: "Quando você se sentir fraco, com poucos recursos, com fome, quando tudo tiver sido tirado de você, e tiver sobrado apenas um último pedaço de pão, jogue o pão no rio".

Mas como assim jogar o último pedaço de pão no rio quando mais nada restou? Simples. Nesse momento você estará exercitando o desprendimento, a confiança no Universo, que proverá todas as suas necessidades.

"Lança o teu pão sobre as águas, porque, depois de muitos dias, o acharás." Eclesiastes 11.1,2

"Olhai as aves do céu: não semeiam nem ceifam, nem recolhem nos celeiros, e vosso Pai Celeste as alimenta. Não valeis vós muito mais que elas?" Mateus 6:26

"E por que vos inquietais com as vestes? Considerai como crescem os lírios do campo; não trabalham nem fiam. Entretanto, eu vos digo que o próprio Salomão no auge de sua glória não se vestiu como um deles." Mateus 6:28,29

É claro que o sentido aqui não é literal, e você não precisa encontrar um rio perto de sua casa para jogar seu último pedaço de pão. Mas partindo da máxima que a vida dá mais do mesmo, observe se o seu foco hoje está na lamentação pela falta de recursos financeiros ou no agradecimento pelas coisas que você já conquistou ou recebeu como dádiva em sua vida.

A vida dá mais do mesmo, então, a partir de hoje utilize frases positivas de agradecimento por todas as bênçãos que ela está preparando para você.

E se quiser aprofundar esse tema, procure o meu livro *A Gratidão Transforma a sua Vida Financeira*, ou o curso com o mesmo nome neste link: http://agratidaotransforma.com.br/vidafinanceira/. Você terá acesso a uma sequência específica de exercícios que te ajudarão a se conectar com a abundância e afastar-se da escassez.

Afirmações positivas de Gratidão para a

Prosperidade Financeira

❄ Sou grato pelo meu trabalho e por todas as oportunidades que possuo por intermédio dele.

❄ Sou merecedora de todas as bênçãos do universo. Abraço com amor a prosperidade que está ao meu redor. Eu escolho ter sucesso.

❄ Sou plenamente capaz de administrar minhas finanças e reservar uma quantia para o meu próprio prazer.

❄ Sou grato por todo o dinheiro que já conquistei e por tudo que adquiri por meio dele.

- ❄ Eu posso fazer o bem ao mundo por intermédio do meu trabalho.

- ❄ Agradeço porque a prosperidade está presente em todas as áreas da minha vida.

- ❄ Eu desejo que meus amigos e familiares possam atrair a abundância para suas vidas. E assim, essa mesma energia positiva que transborda de mim voltará ao seu lugar de origem ainda mais fortalecida.

- ❄ O dinheiro é meu aliado. dele posso dar grandes passos e realizar os meus mais profundos desejos e sonhos.

- ❄ Tenho ideias geniais que atraem a riqueza para a minha casa e para minha família.

- ❄ Sou capaz de desempenhar um excelente trabalho. O universo recompensará todos os meus esforços.

Sou uma pessoa próspera financeiramente e isso me permite ajudar as pessoas que estão à minha volta.

❄ Estou destinado a uma vida de sucesso, fortuna e felicidade.

❄ Sempre estou em dia com as minhas contas. Utilizo minha riqueza à medida que recebo, e assim posso adquirir o que desejo e garantir a minha independência financeira.

❄ Desempenho minhas funções com carinho, amor e muita dedicação, e sou recompensado por isso.

❄ Sou amiga do dinheiro e da prosperidade.

❄ Meus pensamentos influenciam diretamente nas minhas atitudes. Por isso, hoje eu DEIXO PARA TRÁS qualquer resistência ao sucesso e aos bens que posso adquirir.

❄ Sou grato porque nasci para triunfar.

❄ Sou um ser humano afortunado e abençoado. A vitória é uma realidade dentro de mim.

❄ Sou capaz de fazer o dinheiro se multiplicar em minhas mãos.

❄ Dou frutos onde quer que trabalhe. Qualquer função ou tarefa que eu assumo é bem-feita e valorizada.

- Vivo em um mundo abundante. Todas as pessoas ao meu redor podem conquistar a riqueza que almejam.

- Eu escolho pensar de maneira positiva para atrair o sucesso e a felicidade. Hoje eu opto por abandonar qualquer ação que impeça o meu êxito.

- Sou rico financeira e espiritualmente. Em mim moram apenas bons sentimentos que podem ser apreciados por meio dos meus gestos.

- Abençoo tudo que eu faço e toco.

- Sou capaz de lidar com o dinheiro.
  Eu o respeito e ele me obedece.
  Ele apenas somará em minha vida.

Darei o meu máximo para atrair sempre o melhor que a vida tem para me oferecer.

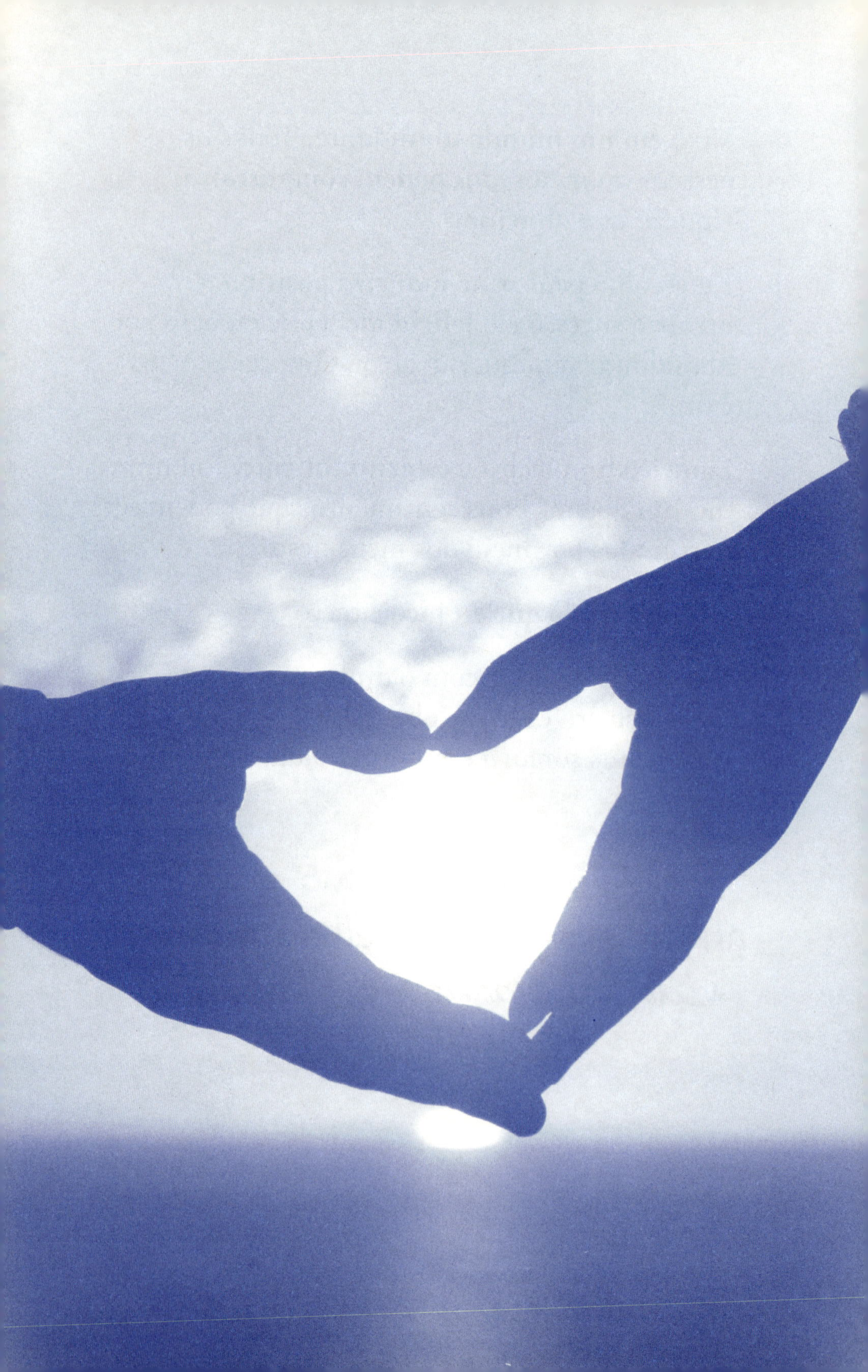

Eu faço acontecer: Casamento Amoroso
(Relacionamento a dois)

E viveram felizes para sempre...

É assim que termina todo conto de fadas, mas a realidade pode estar bem distante disso... A cada ano cresce de maneira assustadora a quantidade de divórcios em todo o mundo.

Todos querem encontrar a metade certa da laranja, e talvez o erro já comece por aí. Se você se sente incompleto e precisa de outra pessoa para que juntos formem um todo, se você não se basta e precisa do outro para se sentir inteiro, seu relacionamento já iniciou com os dias contados.

Não, você não pode se contentar em ser a metade de uma laranja, maçã ou de qualquer outra fruta. Você precisa se trabalhar para ser inteiro, único e completo; para sentir-se bem e em paz em sua própria companhia, sem temer a solidão ou o silêncio quando tiver a oportunidade de ouvir seu próprio coração.

E quando você se sentir pleno, independente e feliz, ou seja, quando estiver amando a si mesmo, poderá fazer a escolha de procurar por uma outra laranja inteira. Isso, então, não acontecerá por necessidade ou dependência, para completar alguma falta sua, mas por opção.

Se você é apenas uma metade e precisa do outro para sentir-se inteiro, não vai demorar para sentir a necessidade de destruí-lo e apropriar-se da metade que é dele. Você nutrirá tanto medo de que ele vá embora e leve consigo o que já considera um complemento seu, que irá sufocá-lo com suas carências e inseguranças.

Ame-se profundamente, ame-se em primeiro lugar, e quando estiver pronto, faça a escolha de viver uma história de interdependência, não por necessidade, mas por opção.

Atraímos para as nossas vidas pessoas que vibram na mesma frequência que nós. Semelhantes atraem semelhantes. Então se você quer saber como encontrar o homem ideal em sua vida, comece transformando-se na mulher ideal. E se você não faz ideia de que tipo de pessoa tem sido em seu dia a dia, olhe à sua volta, veja que tipo de relacionamentos está vivendo e saberá dizer muito acerca de si mesmo.

O quê? Você só consegue namorado mala? Lamento acabar com suas ilusões, mas isso não é azar. Aliás, também não é verdade que homem é tudo igual e que nenhum presta. Se você só está conseguindo aproximar-se das pessoas erradas, olhe-se no espelho e enxergue que tipo de pessoa você tem sido ultimamente.

Nada muda se você não mudar. Modifique sua maneira de pensar e agir e passará a atrair pessoas diferentes para a sua vida.

No entanto, lembre-se que encontrar a pessoa certa é apenas metade do caminho. O desfecho "e viveram felizes para sempre" só é possível se você se casar de novo todos os dias. E é evidente que não estou falando de uma cerimônia civil ou religiosa. Quando uso a nomenclatura "casamento" estou me referindo a uma relação estável entre duas pessoas que se amam e optaram por construir uma história juntas, independentemente de terem ou não assinado um papel, ou de suas opções sexuais.

Para fazer acontecer um casamento amoroso, depois de atrair a pessoa certa para a sua vida é necessário dedicar tempo de qualidade a esse amor. Casar novamente todos os dias significa estar disponível para entregar o seu melhor ao outro a cada novo amanhecer, na alegria e na tristeza, na saúde e na doença, amando-o e respeitando-o por todos os dias de sua vida.

Uma relação de qualidade deve ser semeada e cultivada para dar excelentes frutos. A magia do namoro precisa permanecer viva, e isso só se consegue dedicando tempo de qualidade à pessoa amada. As atribuições do dia a dia, principalmente depois que os filhos nascem, tendem a nos assoberbar. Assim, o casal apaixonado que existia lá no namoro dá lugar a uma dupla estressada que passa os dias resolvendo problemas e emergências.

Meu marido me lembra com frequência que ele escolheu viver ao meu lado não porque queria uma esposa, ou uma mãe para os seus filhos, mas porque ele queria estar ao lado da namorada pela qual se apaixonou. E eu me empenho para manter a namorada viva, presente e *apaixoTUDO!*

É por isso que pelo menos uma vez por ano nós fazemos uma viagem sozinhos, sem filhos, apenas para namorar. Estamos juntos há dezenove anos e acabamos de voltar de nossa 19ª viagem de lua de mel.

Escolha as afirmações certas para repetir para você mesmo e para seu amado, e a célebre frase "e viveram felizes para sempre" deixará de ser apenas história da carochinha.

Afirmações positivas de Gratidão para o

Casamento Amoroso

❄ O amor acontece no tempo certo. Estou tranquila e em paz permitindo que ele chegue até mim naturalmente.

❄ Agradeço porque sou apaixonada pela pessoa que escolhi ter ao meu lado. Todos os dias dou o melhor de mim para que nosso relacionamento seja maravilhoso.

❄ Eu mereço ser amado e valorizado. Meu jeito de ser e minhas atitudes apenas espalham harmonia e alegria por onde quer que eu vá.

❄ Sou grata porque sou um imã que atrai pessoas maravilhosas para a minha vida.

❄ Sou uma pessoa inteira e completa, e estou pronta para compartilhar minha vida com alguém que também seja inteiro e completo.

❄ O amor que há em mim pode ser sentido pelo meu parceiro através dos meus gestos apaixonados.

❄ Todos os dias eu alimento pensamentos positivos a meu respeito.

❄ Mereço ser amado da mesma forma que espalho amor.

❄ À minha volta eu quero apenas relacionamentos sinceros. Desejo que eles preencham a minha vida com o mais puro amor e a mais ardente paixão.

❄ Valorizo cada detalhe do meu ser e, dessa forma, as pessoas à minha volta acabam por reconhecer todas as minhas qualidades.

❄ Sou importante para o meu parceiro. Ele sabe reconhecer as minhas qualidades. Juntos, todos os dias, nós aprendemos um com o outro.

❄ Meu coração está aberto para receber o mais sincero amor e as atitudes de carinho e generosidade.

- Todos os dias busco fazer coisas novas que mantêm o meu relacionamento a dois intenso e atraente. Eu me proponho a fazer a diferença em nossa vida amorosa.

- O meu relacionamento é único e especial. E o que acontece à parte dele nem de longe pode ser tão especial como a história que vivencio hoje.

- A paz, a harmonia, a paixão, o amor e a alegria regem o meu relacionamento a dois.

- Eu sou capaz de demonstrar amor pelos meus abraços, beijos e demais gestos de carinho.

- Eu sei que o amor deve ser recíproco. Por isso, me relaciono com pessoas que sabem retribuir o amor na mesma intensidade que eu demonstro por elas.

- Eu aceito todas as bênçãos que eu e meu companheiro merecemos para termos uma vida repleta de felicidade.

- O amor é o mais bonito e encantador dentre todos os sentimentos. Eu escolho recebê-lo em minha vida e doá-lo diariamente.

- Sou grata porque eu sei amar incondicionalmente, respeitando as diferenças do meu cônjuge.

Eu sou capaz de resolver desafios em meus relacionamentos por meio do diálogo. Tenho consciência de que a comunicação é fundamental para que a vida a dois seja sempre surpreendente e gostosa de compartilhar.

- Quanto mais eu me amo, mais amor eu sinto pelas pessoas, e isso me dá total plenitude.

- O amor é capaz de trazer alegria e boas energias para a minha vida. Por intermédio dele eu atraio relacionamentos sólidos.

- Vibro na frequência do mais sincero e verdadeiro amor.

- No meu relacionamento estão presentes a paixão, a compreensão e a cumplicidade.

- O amor que flui através do meu coração me liberta de recordações indesejadas. Estou livre para viver o mais lindo dos romances.

- Eu escolho viver uma verdadeira história de amor diariamente, até o último dia da minha maravilhosa e abençoada vida.

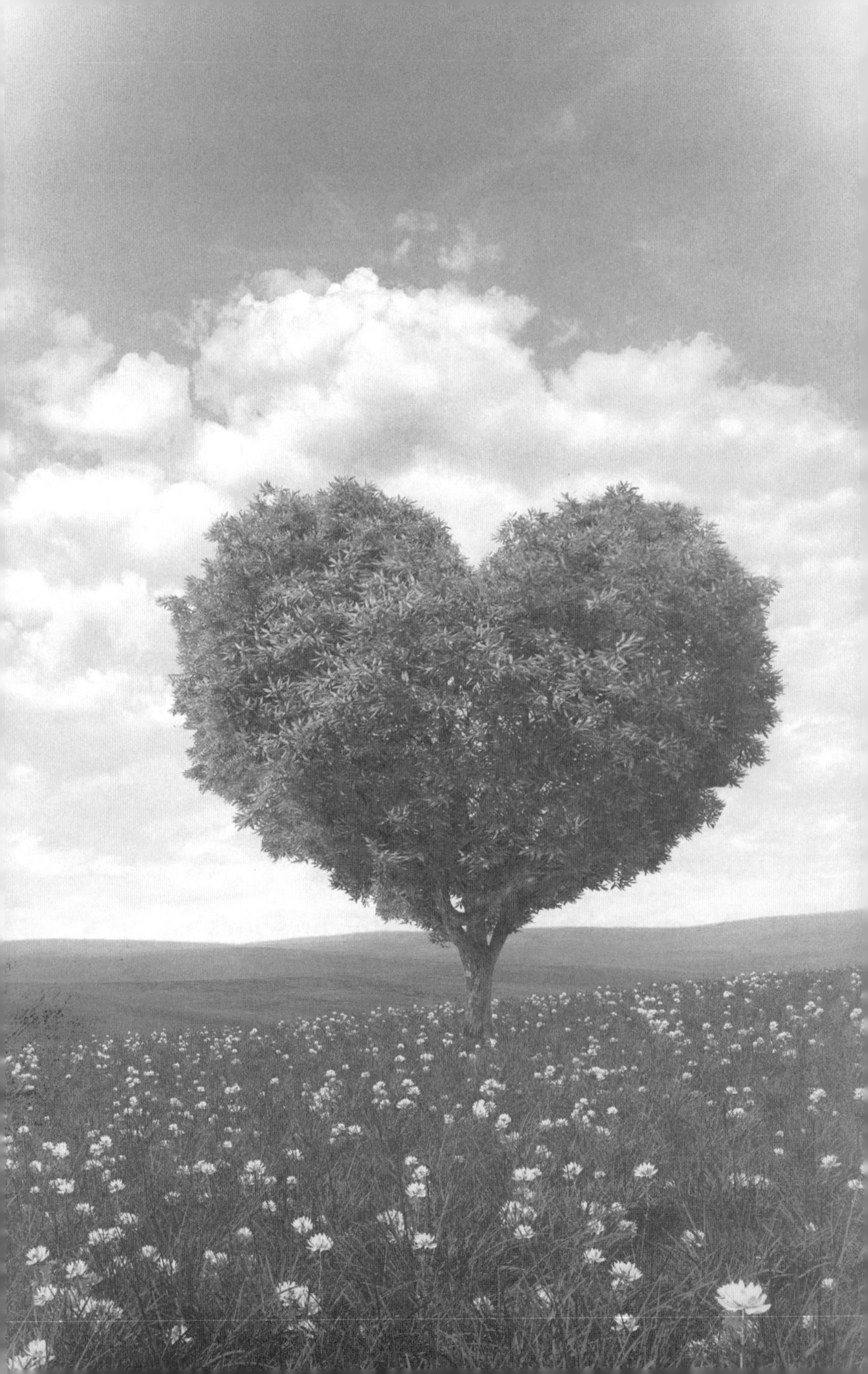

Eu faço acontecer:
Amor

O amor é sem sombra de dúvidas o mais sublime dos sentimentos. Peço a você que, independentemente de sua crença religiosa, me acompanhe na leitura de um belíssimo trecho da bíblia. Vale a pena essa reflexão para se compreender o que é o amor.

"AINDA que eu falasse as línguas dos homens e dos anjos, se não tivesse amor, seria como o metal que soa ou como o sino que tine.

E ainda que tivesse o dom de profecia, e conhecesse todos os mistérios e toda a ciência, e ainda que tivesse toda a fé, de maneira tal que transportasse os montes, se não tivesse amor, nada seria.

E ainda que distribuísse toda a minha fortuna para sustento dos pobres, e ainda que entregasse o meu corpo para ser queimado, se não tivesse amor, nada disso me aproveitaria.

O amor é sofredor, é benigno; o amor não é invejoso; o amor não trata com leviandade, não se ensoberbece.

Não se porta com indecência, não busca os seus interesses, não se irrita, não suspeita mal;

Não folga com a injustiça, mas folga com a verdade;

Tudo sofre, tudo crê, tudo espera, tudo suporta.

O amor nunca falha; mas havendo profecias, serão aniquiladas; havendo línguas, cessarão; havendo ciência, desaparecerá;

Porque, em parte, conhecemos, e em parte profetizamos;

Mas, quando vier o que é perfeito, então o que o é em parte será aniquilado.

Quando eu era menino, falava como menino, sentia como menino, discorria como menino, mas, logo que cheguei a ser homem, acabei com as coisas de menino.

Porque agora vemos por espelho em enigma, mas então veremos face a face; agora conheço em parte, mas então conhecerei como também sou conhecido.

Agora, pois, permanecem a fé, a esperança e o amor, estes três, mas o maior destes é o amor". Capítulo 13 de 1º Coríntios.

Acho esse trecho de 1º Coríntios belíssimo; aliás, eu e a banda Legião Urbana, que o transformou na música Monte Castelo.

"Ainda que eu falasse a língua dos homens, e falasse a língua dos anjos, sem amor eu nada seria.

É só o amor! É só o amor, que conhece o que é verdade

O amor é bom, não quer o mal, não sente inveja ou se envaidece"...

Agora vamos ver o que podemos aprender com esse texto.

Qualquer comunicação é imperfeita ou imprecisa se não houver amor. Bem, sabemos que a maior causa do fim dos relacionamentos passa por dificuldades na comunicação; no entanto, ela só ficou difícil porque o amor estava estremecido.

O poder, a fé e a caridade sem amor são simples manifestações vazias do Ego; talvez pareçam até interessantes aos olhos do mundo, mas é como um castelo construído na areia e tem seus dias contados.

O amor é sofredor, e se você tem dúvidas disso espere um filho ficar doente e descobrirá quantas noites é capaz de ficar em claro ao lado do leito dele, esquecendo-se completamente de suas necessidades, até ter certeza de que ele não corre perigo.

O verdadeiro amor não tem inveja; ele não é leviano nem indecente, e nada tem a ver com a pornografia. Longe de mim qualquer tipo de puritanismo ou crítica à leitura de revistas ditas "adultas", mas sempre tive como filosofia o seguinte: se preciso fazer algum tipo de leitura escondida dos meus filhos, então essa leitura não agrega valor para a minha vida.

O amor nunca falha e isso não significa que suas atitudes precisarão ser perfeitas. É evidente que cometeremos erros, mas em todos os casos observe que eles ocorrerão quando você não estiver sendo conduzido pelo amor.

Com o tempo tudo passará. Assim como seus comportamentos da infância ficaram para trás, no final de tudo, só o amor restará.

Aprendi em 1º Coríntios que sempre que eu não souber a direção, posso usar meu coração como bússola; que todas as vezes em que eu estiver em dúvida sobre meu propósito de vida, basta observar se as minhas escolhas foram feitas com amor.

Quando você põe amor na profissão ela deixa de ser um sofrimento para se tornar uma missão. Quando você ama verdadeiramente o seu companheiro, e é amada por ele, vocês encontram forças para sair de qualquer adversidade. Quando eu coloco amor na relação com meus filhos aprendo a aceitá-los como eles são, ao invés de me frustrar porque eles não correspondem às minhas expectativas fantasiosas.

E como manter o amor presente? Isso, por incrível que pareça, quem me ajudou a compreender foi James Hunter, no livro *O monge e o executivo*, mais especificamente no capítulo 4, quando ele fala do Verbo. Encare o amor *Ágape* não como um sentimento, mas como um comportamento. Talvez você não consiga se obrigar a ter sentimentos de amor por aquela vizinha chata ou pelo colega de trabalho aproveitador. Sim, é verdade que nem sempre controlamos os sentimentos.

Mas você tem a obrigação de manifestar comportamentos de amor, e isso você controla e pode escolher de maneira consciente. Não controlo o que sinto, mas como me comporto.

O verdadeiro amor não é um simples sentimento; é um comportamento, que exige seu comprometimento e empenho.

O quê? Parece muito difícil praticar tão elevado padrão de amor? Provavelmente você está se sentindo assim porque sua mente está cheia de pensamentos nocivos, destrutivos e amargurados, que foram plantados aí ao longo dos anos. Então vamos começar a mudar isso já.

Aqui vai a lista de **Afirmações positivas de gratidão para o amor** que devem ser praticadas no dia de hoje.

Afirmações positivas de Gratidão para o

Amor

❄ Sou grato por ser capaz de expressar livremente o amor que sinto. Ele é forte, intenso e transformador.

❄ Meus gestos, minhas palavras e até mesmo a forma como eu olho para o mundo estão inundados de amor.

❄ Eu respeito as infinitas formas de se demonstrar afeto. Da mesma forma, o expressar de minhas emoções também é aceito e compreendido pelas pessoas à minha volta.

- Minha energia positiva é capaz de extrair o melhor das pessoas. Sou fonte de palavras amorosas e repletas de apoio. Elas admiram o meu jeito único de lidar com as adversidades.

- O amor que brota do meu ser regenera a minha alma e o meu espírito. Por meio desse sentimento tão poderoso, eu posso ajudar a mudar histórias de outras vidas.

- Eu amo as pessoas incondicionalmente. Todos os sentimentos que fluem através do meu ser são bons e importantes.

- Agradeço porque minha existência provém do amor. Ele rege a minha casa, a minha família e o meu trabalho. O amor me segue aonde quer que eu vá.

- Eu trato as pessoas com carinho e recebo esse afeto do universo com a mesma intensidade.

- Eu me amo incondicionalmente e, dessa forma, sou capaz de amar os outros de todo o meu coração.

Eu estou em sintonia apenas com a energia positiva do amor que me rodeia. Ele complementa a minha existência.

- ❄ Eu sei que sou forte e capaz. Sou o meu primeiro amor.

- ❄ Escolho estar rodeada apenas das pessoas sinceras que emanem energias tão positivas quanto as minhas. Aceito todas as atitudes revestidas de amor.

- ❄ O amor que flui de mim faz a diferença nos lugares por onde passo. As pessoas gostam da minha companhia e apreciam minhas ideias e opiniões.

- ❄ Meu relacionamento com os outros é apenas o reflexo daquele que mantenho comigo mesmo. Por isso, eu escolho amar cada característica do meu ser, sejam elas internas ou externas.

❄ Eu retribuo todo o carinho que recebo das relações que nutro em casa, no trabalho ou em qualquer ambiente. Eu recebo à medida que dou. E hoje, opto por ser alguém mais generoso nas minhas demonstrações de afeto.

❄ Sou grato porque o universo só atrai para a minha vida relacionamentos positivos e fortalecedores.

❄ Todo o amor que desejo está dentro de mim, e isso me faz mais forte a cada dia.

❄ Eu sou capaz de fazer acontecer o amor em todos os ambientes em que estiver.

❄ Eu abençoo a minha vida, meus sentimentos e minhas emoções. Hoje eu escolho ser o melhor que puder.

❄ A mudança que desejo ver no universo deve começar pela transformação da minha vida. Hoje eu escolho curar cada marca indesejável do passado e abençoar cada uma das minhas cicatrizes que me fizeram crescer.

❋ Eu decido amar e respeitar a minha existência. Meu gesto de amor próprio será capaz de influenciar as pessoas próximas e até as mais distantes.

❋ Eu sou merecedora de todo o amor que as pessoas sentem por mim.

❋ Eu creio no milagre da transformação que ocorre todos os dias em minha vida. Hoje eu irradio AMOR, FELICIDADE e TRANQUILIDADE.

❋ Confio no poder do amor que está dentro de mim.

❋ Eu amo a minha vida. Sou apaixonada pela natureza, pelas pessoas e por tudo que o universo me dá de presente.

❋ Sou grato porque amo as pessoas pelo que elas são, independentemente do que elas possam me oferecer.

Desculpa!

Eu faço acontecer:
Perdão e Cura de Mágoas

Para começarmos a conversar sobre este assunto, quero te fazer um convite: peço que lembre rapidamente de duas situações, uma recente e outra antiga, que ainda estejam "engasgadas" na garganta, ou seja, que você não consegue esquecer e perdoar. Lembrou?

Agora, vou pedir para que você lembre rapidamente de outras duas situações, também uma recente e outra antiga, em que você recebeu algo bom de alguém (seja uma palavra, um gesto, uma ajuda etc). Olha lá, só continue lendo depois de fazer esse breve exercício, ok?

Responda agora: qual foi mais rápida de lembrar, a situação ruim ou a boa? Tenho quase certeza de que foi a ruim, certo? E se eu perguntar qual foi mais agradável de lembrar, muito provavelmente foi a cena boa. Você já parou para se perguntar por que então somos mais propensos a guardar a lembrança de algo ruim que alguém nos fez que guardar uma boa lembrança?

Acontece que a nossa mente é programada para não deixar as lembranças desagradáveis passarem, pois queremos nos preservar de situações semelhantes no futuro. Em contrapartida, poucos mantêm as lembranças agradáveis. É como se aquela música "tristeza não tem fim, felicidade sim" definisse a regra, e os bons momentos fossem raridade!

Na prática, como a vida nos dá mais do mesmo, ao colocarmos ênfase nas lembranças desagradáveis estamos simplesmente atraindo mais delas para o nosso cotidiano, e reforçando um padrão negativo. Você pode argumentar: "mas, Márcia, eu não invento, as pessoas realmente me tratam mal, ou coisas ruins acontecem". Eu acredito. Mas também tenho mais que simples teorias para provar que "enquanto você continuar lembrando só do que lhe aconteceu de ruim, receberá somente a visita do 'ruim' em sua vida".

Hoje, portanto, vou ajudá-lo a mudar isso, convidando-o a experimentar o Perdão, assim mesmo, com letra maiúscula. O perdão é uma ferramenta poderosa para você se libertar de padrões destrutivos e ter uma vida plena e satisfatória. Já ouviu falar que "levar o rancor consigo é como carregar um saco de batatas podres nas costas"? Quem já sentiu o cheiro de uma batata podre pode bem imaginar como deve cheirar mal um saco repleto delas! Pergunto: se você pudesse passar por essa experiência, você a escolheria? Ora, tenho certeza que não! Imagine um saco de batatas podres contaminando a sua mente, os seus pensamentos, e suas ações diárias; você quer isso para você? Também imagino que não queira.

Ah, você pode pensar: "mas enquanto eu lembrar do que aquele (a) infeliz fez para mim, eu estarei pronto para me vingar ou pagar na mesma moeda". Novamente, usando o rancor e a raiva para alavancar novos comportamentos você só poderá colher mais raiva e rancor. Entenda: o rancor é um veneno que só faz mal a você mesmo.

O perdão é um exercício constante. Da mesma forma que exercitamos músculos do corpo para correr e levantar peso, também exercitamos o "músculo mental" do perdão. E o exercício deve ser diário. Eu não estou dizendo que é fácil. Mas digo com convicção que é possível e necessário para a sua felicidade, saúde e prosperidade, porque tudo isso desaparece com a falta de perdão! Recebo diariamente depoimentos espontâneos de alunos que tiveram suas vidas transformadas pelo perdão.

Por exemplo, durante a vivência em grupo que ministrei em caráter presencial uma de minhas alunas pediu para dar um depoimento. Ela estava muito emocionada por ter conseguido chorar naquela ocasião. Contou-nos que sua infância foi muito difícil, pois a mãe tinha distúrbios psiquiátricos e batia nela e nos irmãos com frequência e sem limites, só parando se eles não chorassem e depois que sangrassem. Por esse motivo, desde menina essa minha aluna aprendeu a expor primeiro as partes do corpo que sangravam mais facilmente durante as surras. Ela também decidiu nunca mais derramar lágrimas, assim a violência física cessaria mais rápido.

Ela guardava muita raiva e muito rancor por tudo o que a mãe havia feito, mas na vivência do perdão ela conseguiu entender profundamente que sua mãe era doente. Lembrou-se do desespero da mãe quando percebia que novamente havia perdido o autocontrole, e colocou-se no lugar daquela mulher que se viu sozinha cuidando de três crianças, sem marido e sem estrutura emocional. Naquele momento conseguiu perdoá-la por tudo o que ela havia feito, e chorou após muitos e muitos anos.

Outra aluna contou que quando era recém-casada foi muito destratada pela família do marido, e que o que mais a magoava é que os sogros menosprezavam até mesmo os filhos dela, seus próprios netos. Eles eram estrangeiros e não aceitavam o casamento do filho com uma brasileira. Ainda que os recebesse bem em sua casa, e tendo mesmo cuidado da sogra no hospital quando esta esteve doente, não era respeitada.

Aquelas lembranças doíam muito, sempre que vinham à tona e isso prejudicava inclusive sua relação com o marido. Quando ela começou a praticar o perdão teve um *insight*: por alguns minutos conseguiu se colocar no lugar dos dois, vindos de outro país, com uma cultura totalmente diferente. Ela pôde, então, sentir o medo que eles tinham de perder as raízes, e entendeu que enquanto ela havia escolhido o filho deles por companheiro sem considerar o "rótulo" de estrangeiro, ambos não conseguiam ver o mundo além daquela realidade limitada.

Ela sentiu compaixão pelo sofrimento mental dos sogros, e foi então que o perdão aconteceu plenamente. Hoje as lembranças não mais a perturbam. De fato, ela conseguiu até perceber que os sogros vêm mudando sua atitude em relação a ela e à sua família, numa reconciliação muito benvinda. Ela também reparou que sua relação com o marido está mais tranquila.

É importante que você entenda que quem não perdoa revive o passado diariamente e perde o momento presente. A neurociência já provou que para o nosso cérebro não importa se a experiência acontece agora ou se é uma lembrança do passado: os sentimentos que temos ao relembrarmos alguma cena – de raiva, tristeza, alegria, amor, angústia, por exemplo – são sentidos da mesma forma como no momento em que o fato ocorreu e, de novo, nos causam bem-estar ou mal-estar. Gastrite, úlcera, insônia, e tantos outros males no corpo são consequências da experimentação contínua de sentimentos ruins.

Ou seja: quando você não perdoa e revive a cena que te machucou, você mesmo se castiga infinitas vezes, por opção própria, enquanto a pessoa que te ofendeu não é atingida de forma alguma... Vamos e venhamos, você precisa disso?

Vai continuar bebendo veneno diariamente e achando que está envenenando a quem te fez mal? Está mais do que na hora de largar essa carga e se permitir viver o presente com o que ele tem de melhor a oferecer. Lembre-se que perdoar é desistir de guardar ressentimentos quando for prejudicado.

Quando consegue perdoar, você para de vibrar negativamente na frequência baixa que a raiva, o rancor e a amargura emitem. Como consequência natural, você abre espaço para que coisas boas aconteçam em sua vida, e começa a ser grato por elas. E adivinhe? Quanto mais for grato, mais coisas boas acontecerão a você.

Então vamos praticar? Aqui vai a lista de **afirmações positivas de gratidão para o perdão e cura de mágoas**.

Afirmações positivas de Gratidão para o

Perdão e Cura de Mágoas

❄ Eu escolho perdoar todas as pessoas que passam pelo meu caminho. Meus sentimentos são de amor e generosidade.

❄ Eu libero perdão em minha vida para sentir a paz de espírito que fui criada para receber.

❄ Eu me perdôo por tropeços do meu passado. Tudo isso me fez amadurecer e hoje sou melhor do que fui ontem.

❄ Eu escolho exercitar o perdão em minha vida. Opto por amar o meu próximo como eu amo a mim mesmo.

- Sou grata porque me sinto bem comigo mesma. O eixo do meu ser é fonte de terno amor.

- Eu exercito o perdão diariamente em minha vida, pois sei que ele é capaz de apaziguar a minha alma.

- Eu vivo para o presente. Ele será responsável pelo futuro que tanto almejo alcançar.

- Escolho viver na paz que me cerca, aceitando apenas energias do bem. Libero o perdão em minha vida, pois caminho em direção à glória.

- Agradeço porque, daqui em diante, as lágrimas que caírem dos meus olhos serão de gratidão por saber que eu sou muito maior que qualquer adversidade.

- Sou um ser iluminado. Derramo amor pelas pessoas e trato-as de maneira gentil, independentemente do que elas sintam por mim.

- Possuo a compreensão e o entendimento de que todas as pessoas têm o direito de errar.

Exercito diariamente a auto-aceitação. Escolho viver o HOJE, pois cada dia pertence a si mesmo.

❄ Eu estendo a minha mão para ajudar meu próximo. Sei que fazer o bem só trará alegria ao meu coração.

❄ O meu perdão está acima de qualquer sentimento indesejado. Todas as palavras dirigidas a mim são respondidas com AMOR e EMPATIA.

❄ Compreendo que guardar mágoas em meu coração é um ato de autodestruição. Por isso, dentro de mim acomodo apenas o mais lindo dos sentimentos: o amor.

❄ Peço perdão ao universo, e me disponho a perdoar aqueles que frustram as minhas expectativas.

❄ Estou feliz por ter me libertado das correntes que atrasavam meu desenvolvimento. Sou um ser evoluído que preza pelo bem-estar da humanidade.

- Meu perdão é capaz de curar as doenças causadas pelas mágoas. Minha alegria é forte o suficiente para combater qualquer sentimento indesejado.

- Eu assumo o compromisso de fazer a diferença amanhã, sendo um ser humano melhor.

- Sou grato porque estou livre de todos os traumas da minha infância ou juventude. Meus olhos estão direcionados aos céus, e não mais para os meus pés.

- Eu creio no amor demonstrando o perdão. Esse é o modo mais sublime que encontrei para atestar o quanto respeito a existência desse mundo e das pessoas que me rodeiam.

- Estou pronta para receber a cura que o universo deseja realizar em meu ser.

- Peço perdão e perdôo meus amigos por todos os mal-entendidos que tivemos. Compreendo que cada pessoa tem um jeito diferente de ser e pensar. Respeito as diferenças e exercito a compaixão.

Perdôo meus familiares por todas as palavras inadequadas que dirigiram a mim. Sei que a intenção deles era cuidar para que eu me tornasse uma pessoa melhor, e sou grata por isso. Também peço perdão pelos pensamentos ruins que cultivei em meu ser a respeito deles.

- Hoje eu só tenho espaço em meu coração para o amor, a generosidade e a compreensão em relação ao meu cônjuge. Abro-me para desfrutar do companheirismo que nutrimos um pelo outro.

- Tenho plena consciência de que sou responsável pelo meu estado de espírito. Hoje eu escolho perdoar para ser perdoado.

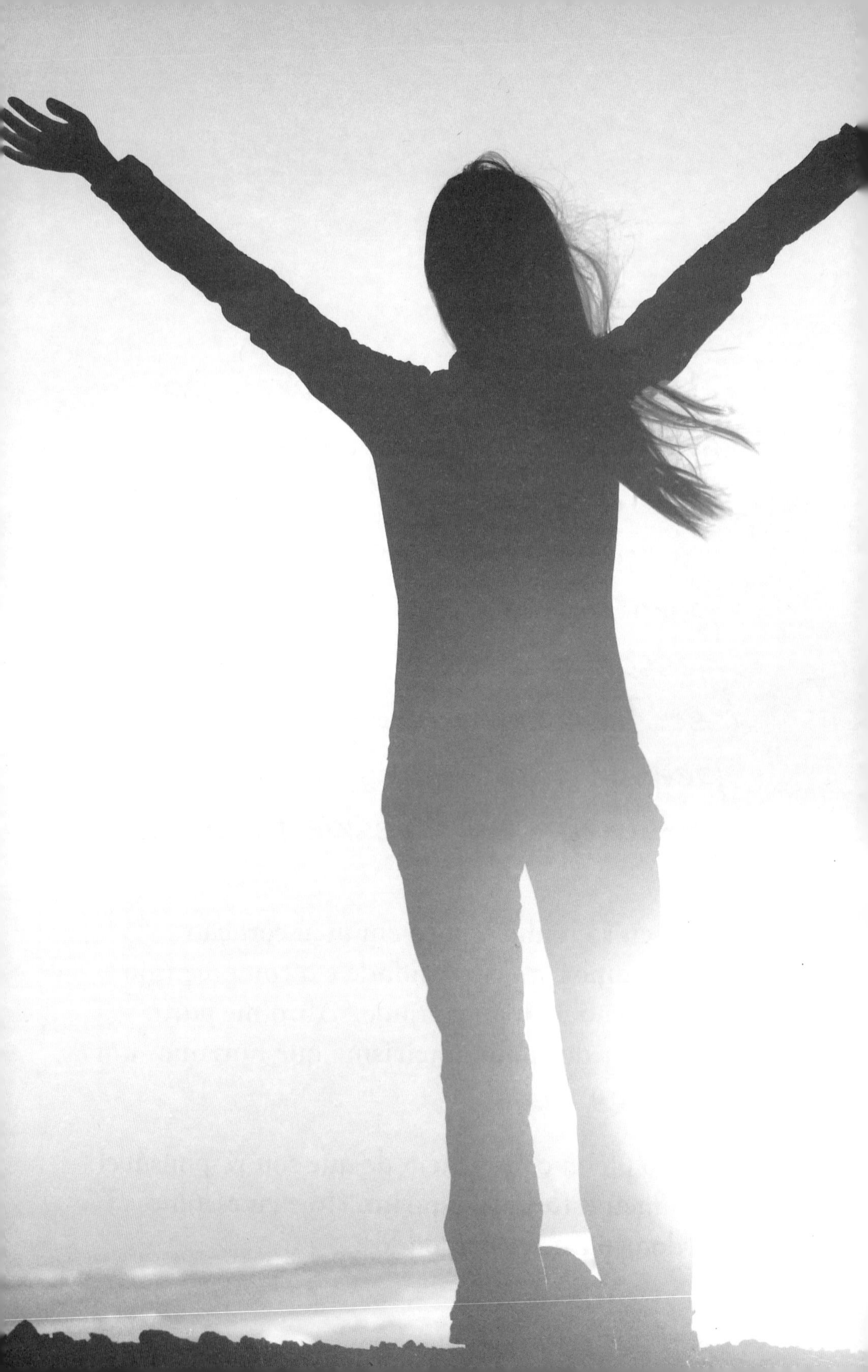

Eu faço acontecer: Sucesso Profissional

Você se sente realizado profissionalmente? Já conquistou tudo o que deseja em matéria de carreira, de criação ou da administração de um negócio próprio? Faz o que ama para prover o seu sustento e de seus familiares? Ou, mais do que isso, já conquistou a independência financeira e ainda assim continua a trabalhar porque enxerga em sua profissão uma forma poderosa de cumprir o seu propósito de vida?

Costumo dizer aos meus alunos que o local onde se trabalha é solo sagrado. E vou explicar porque.

Victor Frankl, um psiquiatra austríaco que foi preso pelos nazistas em um campo de concentração, descobriu que o que mantinha os prisioneiros vivos era "ter algo para fazer" no futuro. Lá dentro, vivenciando todos os horrores imputados pelos nazistas, os prisioneiros perdiam tudo: família, casa, roupas e finalmente a dignidade. E muitos deles, no limiar do sofrimento, buscavam no suicídio um alívio para tanta dor. Frankl impediu que muitos dos seus amigos de sofrimento fizessem isso, lembrando-os do que possuíam para fazer de significativo em seus futuros, quando estivessem do lado de fora daqueles muros.

Ele mesmo se imaginava num auditório quentinho e confortável, proferindo sua palestra sobre a Psicologia dos Campos de Concentração e o Sentido da Vida que pode ser encontrado mesmo em situações extremas. Isso lhe dava forças para continuar vivendo.

Segundo Nietzsche, quando você tem um "porquê", é capaz de enfrentar qualquer "como". Quando a mente tem uma meta, um objetivo, ela pode concentrar sua energia até descobrir uma forma de fazê-lo virar realidade. Se você não tem nenhuma meta a ser atingida, sua energia acaba se dissipando e você fica rodando em círculos.

Acontece que em nosso mundo atual uma das maiores fontes de sentido da vida para o ser humano é exatamente o seu trabalho. Tanto isso é verdade que muitas pessoas quando se aposentam, se não se prepararam para essa grande mudança de vida, adoecem e morrem logo após a aposentadoria.

Portanto, Sucesso Profissional não é algo que deva apenas ser desejado, mas sim perseguido até que seja conquistado.

E qual o caminho mais curto para se conseguir isso? O primeiro passo é aprender a ser feliz com o que você tem hoje. Veja bem, não estou dizendo que você deva se conformar ou se acomodar. O que preciso que você entenda é que a vida dá mais do mesmo. Então, se você reclama de um chefe autoritário, de colegas que não colaboram ou de um salário que mal dá para pagar as contas, sua mente entenderá que você quer mais disso, afinal não fala em outra coisa.

Transforme-se no melhor profissional que você der conta de ser, ainda que sua atual empresa não mereça, porque isso atrairá para sua vida a exata oportunidade profissional que você tanto deseja.

E se ela não existir? Simples. Construa-a com suas próprias mãos, assim como eu fiz em minha trajetória.

Comecei minha caminhada profissional na Caixa Econômica Federal. Foi lá que me tornei instrutora, consultora e palestrante. Amei com todas as forças do meu coração aquela empresa e permaneci nela até que entendi, depois de 10 anos, que meu ciclo de aprendizagem ali dentro havia se encerrado. Pedi demissão para me dedicar à minha empresa de treinamento, e hoje, posso colaborar com a vida de milhares de pessoas, inclusive funcionários da Caixa, velhos colegas de trabalho.

Tenha gratidão por todas as experiências profissionais que vivenciar, pois elas estão permitindo a você aprender e amadurecer. Quando o ciclo de aprendizagem naquele local chegar ao fim, siga adiante com o coração cheio de gratidão para trilhar uma nova jornada e superar outros desafios, deixando ali saudades e bons amigos.

As frases com as quais você irá programar sua mente hoje o ajudarão a reverenciar o que a vida já te deu e também a se preparar para as novas conquistas que serão atraídas para você assim que você se tornar esse novo profissional, muito mais qualificado em matéria de conhecimentos e habilidades, mas principalmente adotando as melhores atitudes.

Aqui vai a lista de **afirmações positivas de gratidão para se conquistar o sucesso profissional**:

Afirmações positivas de Gratidão para o

Sucesso Profissional

❄ Eu sou muito grato pelo trabalho que possuo. Por intermédio dele, meu potencial é alavancado e sou recompensado pelo serviço prestado.

❄ Sinto-me muito bem no meu local de trabalho. Vivo em harmonia com meus colegas, torcendo sempre pelo sucesso e pela realização pessoal de cada um.

❄ Trabalho arduamente direcionando amor em tudo que toco para que minha função faça a diferença em meu setor.

❄ Eu respeito os meus supervisores e abro minha mente para aprender com as experiências deles.

❄ Gosto muito de trabalhar em equipe. Todos os dias aprendo uma nova lição que agrega valor à minha formação profissional.

❄ Os desafios apresentados pelos meus superiores e clientes instigam o que há de melhor em mim. Sinto-me capaz de solucionar qualquer desafio, pois sou inteligente e confio em meu potencial.

❄ Apoio meus colegas e torço para que tenham sucesso em suas funções. O amor mútuo é praticado em minha empresa.

❄ Busco ajuda quando encontro alguma dúvida ou adversidade. Sempre estou disposto a aprender mais com os outros.

❄ Encorajo o crescimento profissional dos meus colegas, e assim sou abençoada pelo universo. O meu caminho é inundado de boas energias.

Abençoo o meu emprego e/ou o meu negócio, assim como todas as portas que eles abrem para mim.

❄ Independentemente do cargo que exerço, sempre me empenho ao máximo para desempenhar o meu papel com a mais grandiosa excelência.

❄ Agradeço porque os desafios que surgem à minha volta funcionam como combustível que alimenta minha criatividade e capacidade profissional.

❄ Eu me destaco em meio à multidão por ser um profissional dedicado e caprichoso. Trago boas ideias para o meu ambiente de trabalho.

❄ Estou sempre ampliando minha gama de conhecimentos. Quero aprender mais e entender melhor sobre a minha função para que possa desempenhá-la de maneira eficaz.

❄ Recebo as mudanças de braços abertos porque as enxergo como oportunidades de aprendizado.

❄ Sou grato porque a criatividade faz parte da minha essência. Através dela expresso meus talentos com facilidade e segurança.

Meu trabalho me traz satisfação. Ele é o passaporte para o meu sucesso profissional.

❄ Eu me sinto tranquilo ao apresentar minhas ideias diante da minha equipe e dos meus fornecedores. Compartilho conhecimento e aprendo tudo o que posso.

❄ Sou uma boa ouvinte para receber feedbacks. Eles me ajudam a transformar o que já está bom em algo sensacional.

❄ A cada dia eu descubro novos talentos e novas habilidades em meu ser. Mantenho-me em fluxo com a vida, atraindo as oportunidades que desejo.

❄ Acredito em meu potencial ilimitado e na infinidade de possibilidades de realização que possuo. Tudo isso contribui para o meu sucesso.

❄ Tenho um dom único que me diferencia das outras pessoas. Sou grata ao universo por ter colocado esse talento em mim.

> *Estou e permanecerei tranquila e em paz para conquistar todos os meus objetivos e minhas metas. Construo o meu sucesso todos os dias.*

❄ A partir de agora, eu me proponho a realizar atividades diferentes todos os dias para que minha criatividade seja testada e aprimorada.

❄ Busco aprender coisas novas diariamente. Sou uma pessoa próspera, corajosa e aventureira.

❄ A minha vida é repleta de surpresas felizes. Atraio novas oportunidades de negócios para a minha vida o tempo todo.

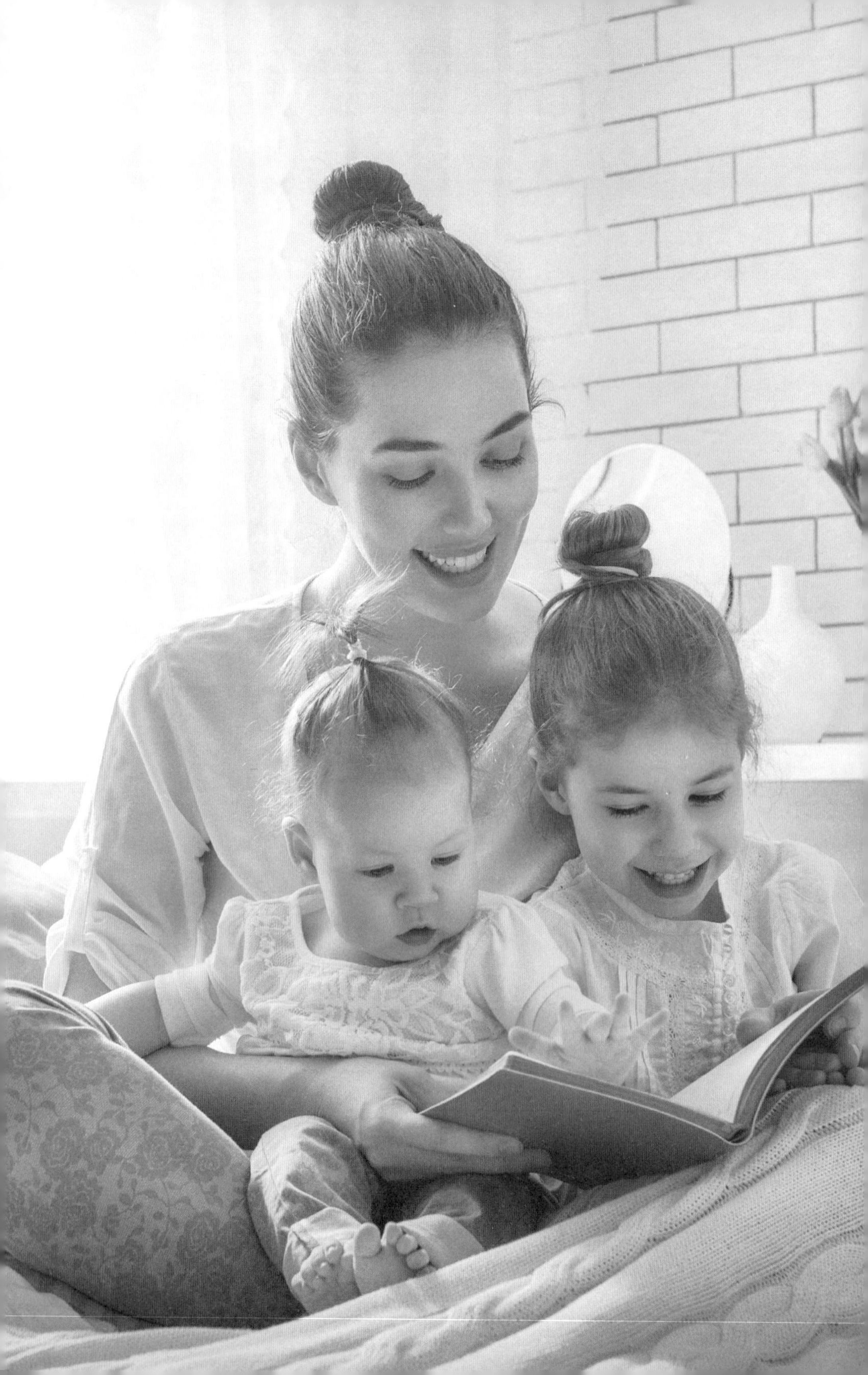

Eu faço acontecer:
Qualidade de Vida

Para a Organização Mundial da Saúde, a definição de "qualidade de vida" é "a percepção que um indivíduo tem de sua posição na vida, dentro do contexto dos sistemas de cultura e valores nos quais está inserido e em relação aos seus objetivos, expectativas, padrões e preocupações".

Vamos pensar um pouco sobre este conceito. Estamos falando de saúde física e psicológica, de nível de independência, de relações sociais, de crenças pessoais e da própria compreensão individual e subjetiva do que seja "qualidade de vida".

Assim, um indivíduo pode considerar que um dos pré-requisitos para ter qualidade de vida é possuir carro próprio à disposição para se deslocar para o trabalho todos os dias; outro, prefere livrar-se do automóvel e fazer esse percurso a pé ou de bicicleta, e assim combater o sedentarismo; já um terceiro, só considera qualidade de vida a possibilidade de trabalhar a partir de sua própria casa, sem precisar se deslocar.

Algumas pessoas vivem felizes e ajustadas com uma renda familiar de 4 mil reais; outras, apesar de receberem o dobro dessa quantia, sentem-se endividadas e insatisfeitas.

Meu amigo Marcos Rossi, palestrante, cantor e excelente autor de livros nasceu com uma síndrome que não lhe permitiu desenvolver os braços e as pernas. Ainda assim, aprendeu a superar as adversidades e hoje tem uma vida feliz e de qualidade. Agora eu pergunto: quantos de nós no lugar dele nos queixamos de ter perdido a qualidade de vida por sofrer alguma dor ou desconforto temporários?

Acredito, portanto, que possamos definir qualidade de vida como a "satisfação de um indivíduo no que diz respeito ao seu cotidiano".

Todavia, como "satisfação" é um critério altamente subjetivo, cabe a nós percebermos que na maior parte das vezes o inferno ou o paraíso estão dentro de nós, não do lado de fora. Você enxerga a realidade a partir de seus filtros. É evidente que você pode mudar a sua realidade e conquistar bens e serviços que irão trazer mais conforto e felicidade, no entanto, o elemento que irá definir o quanto você se sentirá feliz e satisfeito está nos filtros que você mesmo escolhe para enxergar o mundo à sua volta.

Você é grato pelo que possui ou vive reclamando pelo que não tem? Coloca sua atenção nas oportunidades ou nos problemas? Valoriza as qualidades das pessoas que o cercam ou observa e comenta apenas os defeitos? Constrói oportunidades ou lamenta porque a vida não sorriu para você? É um protagonista ou uma vítima do Universo?

Existe uma frase, atribuída a São Francisco de Assis, que sempre tocou meu coração:

"Senhor, dai-me força para mudar o que pode ser mudado...
Resignação para aceitar o que não pode ser mudado...
E sabedoria para distinguir uma coisa da outra."

Então, que tal parar de reclamar, mudar o que pode ser alterado e aprender com as situações que você não controla? Tudo é uma questão de programar a sua mente da maneira certa.

E é isso o que vamos fazer agora.

Afirmações positivas de Gratidão para a

Qualidade de Vida

❋ Abro-me para todas as oportunidades de cultivar meu bem-estar e minha qualidade de vida.

❋ Busco manter-me calma e relaxada. Sorrio com facilidade e permito que a alegria e o amor habitem meu coração.

❋ Sinto-me totalmente em paz com quem eu sou. Agradeço por esse momento de reflexão que traz alegria e bem-estar à minha vida.

❋ Agradeço pela vida que tenho e pelas coisas que chegam até mim.

- Eu me despeço de quem sou agora para dar boas-vindas à pessoa melhor que serei amanhã.

- Eu aceito as bênçãos que chegam o tempo todo em minha vida. O universo adora me dar presentes e eu os recebo de bom grado.

- Os dias seguintes são ainda melhores que os anteriores. Eles inundam de alegria a vida dos meus familiares e amigos, e isso me deixa feliz.

- Sou grato porque todas as coisas acontecem para a minha felicidade e o meu sucesso.

- A cada dia amadureço e me aperfeiçoo em todas as áreas da minha vida.

- Fui criado para as alturas e construo meu sucesso com leveza e qualidade de vida.

- Eu me permito atrair o que preciso para ter o que mereço: um mundo cheio de amor, compaixão e igualdade.

Sou grato porque minha mente e meu corpo estão descansando nesse momento. Sinto a paz fluindo por todas as células e todos os órgãos. A felicidade contempla todo o meu ser.

❄ Eu realizo a minha parte no mundo, independentemente das atitudes das outras pessoas.

❄ Faço dias melhores acontecerem por meio do sorriso que ofereço a todos que passam pelo meu caminho.

❄ Escolho bem as palavras que utilizo para que elas só apenas somem na vida daqueles que me cercam. Sou uma pessoa sincera, que fala o que sente e pensa, com firmeza e doçura.

- Permito-me demorar em abraços, beijos e carícias. Hoje eu vou aproveitar tudo que faz bem para o meu corpo e meu espírito.

- Eu caminho em direção à luz que guia meus passos e faz com que tudo dê certo em minha vida.

- Deixo minha marca no mundo pelos meus bons exemplos.

- Cultivo apenas sentimentos, emoções e atitudes que atraem o bem-estar que preciso.

- Eu sorrio para a vida e ela me presenteia com tudo aquilo que necessito para viver plenamente feliz e saudável.

- Eu acredito no poder da minha mente. Irei mais longe e conquistarei a vida que desejo e mereço. Sou a minha maior fortaleza.

- Todos os dias me proponho a fazer algo de bom para o mundo e para as pessoas.

❄ Aprendi a me amar de verdade. Escolho fazer do dia de HOJE o melhor dia da minha vida.

❄ Fico mais leve por deixar a felicidade habitar em meu coração. Vivo para ser um ser humano melhor a cada dia.

❄ Sigo em frente com coragem e determinação, aproveitando todos os milagres da vida.

Sei que para cada coisa há um tempo. Por isso descanso a minha mente nos braços do universo e trabalho o meu corpo para correr atrás do que acredito.

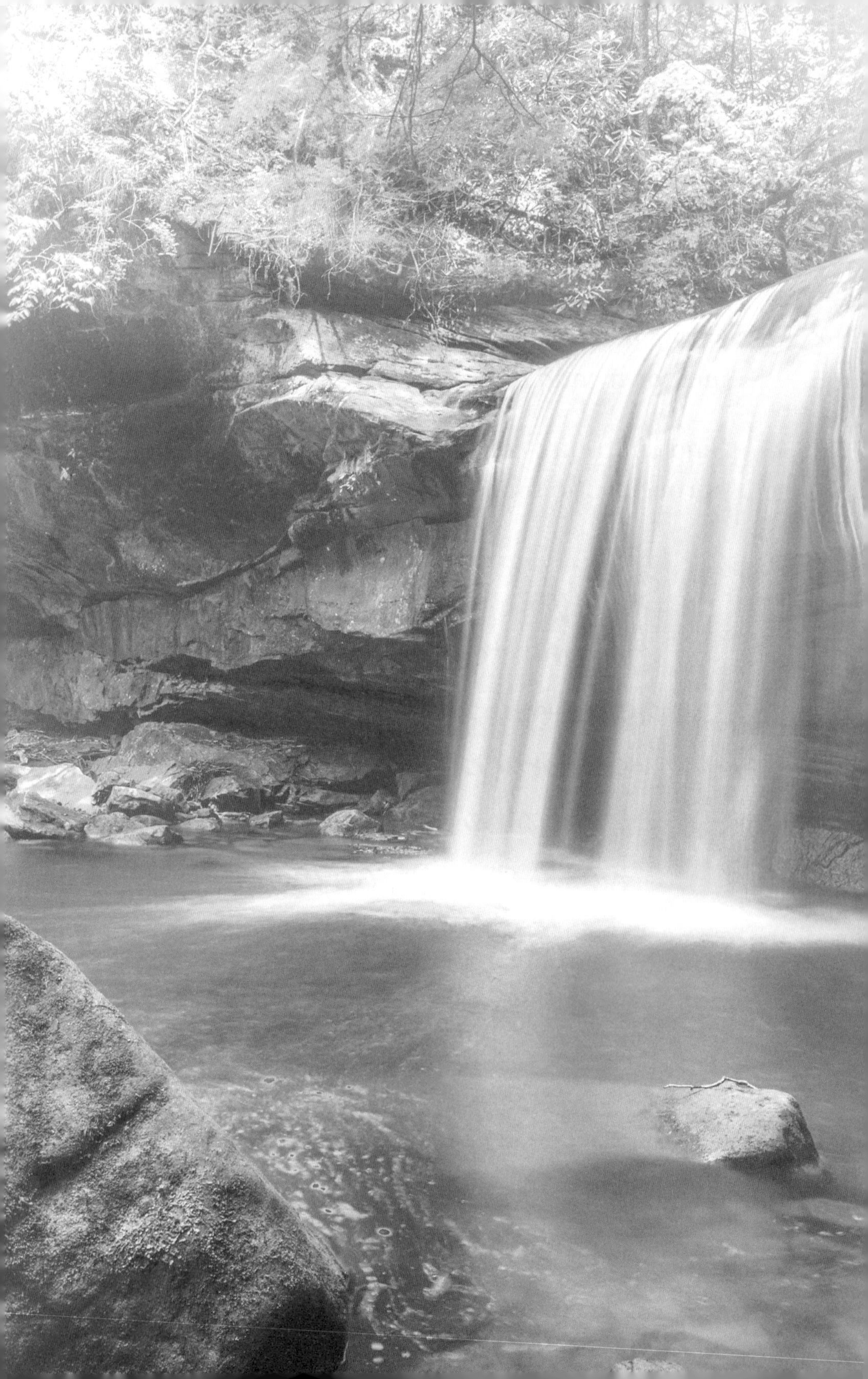

Eu faço acontecer:
mais e mais Bênçãos em minha Vida

Depois de repetir quatro vezes a sequência de oito áreas da sua vida que acabamos de apresentar, você terá chegado ao final de nossa jornada de 33 dias. Assim, você terá trabalhado aspectos fundamentais para que alcance a plenitude que almeja.

No entanto, sei que temas igualmente importantes, como criatividade, filhos, espiritualidade, caridade, caráter, sexualidade, entre outros, ficaram de fora e também precisam ser trabalhados.

Fique tranquilo porque isso se resolve facilmente. O mais incrível sobre a reprogramação mental é que, uma vez que aprendemos a controlar e escolher nossos pensamentos e exercitamos essa prática, ela se torna mais fácil e pode ser aplicada para qualquer assunto ou contexto.

O que você tem que fazer é identificar o que ainda não está acontecendo a contento em sua vida e, então, colocar mais gratidão naquela área. A relação com os filhos está atribulada? Está faltando criatividade para resolver os seus desafios? A espiritualidade tem sido pouco cultivada? Você acha que deveria praticar mais a caridade? Tem sentido seu caráter estremecido em função de escolhas equivocadas? Sua vida sexual está deixando a desejar?

Não há problema. Coloque gratidão no que está caminhando mal e imediatamente verá as transformações acontecendo.

Sim, a gratidão realmente transforma.

Outro dia eu estava no *shopping* com minha família e uma mulher de aproximadamente 30 anos que eu não conhecia sorriu efusivamente para mim e veio em passos acelerados na minha direção. Ao chegar bem perto ela falou:

"Posso te dar um abraço? Eu acompanho seus vídeos e você tem ajudado a transformar a minha vida".

É claro que eu aceitei de bom grado o abraço e perguntei a ela como conheceu o meu trabalho. Sua resposta foi a seguinte:

"Eu já estava em depressão por muitos anos, já tinha tentado todo tipo de tratamento e nada funcionou. Um dia eu estava me sentindo desesperada e procurei auxílio na internet. Foi quando encontrei um vídeo seu falando do seu curso *A Gratidão Transforma*. Não tive dúvidas e fiz minha inscrição. A partir dali tudo mudou. Quer saber? A gratidão transforma mesmo".

Tenho visto esses milagres ocorrerem dia após dia, e se existe algo em sua vida que ainda precisa ser mudado, a hora é agora. Continue exercitando a gratidão.

Então vou te apresentar mais uma lista de frases para complementar seu ciclo de 33 dias de reprogramação mental. Aproveito para deixar um espaço para que você crie suas próprias frases, que serão um elixir poderoso para transformar a sua vida. Se quiser enviá-las para mim, será uma honra recebê-las. Faça isso pelo e-mail suporte@marcialuz.com e, em retribuição, eu te enviarei um *e-book* surpresa de presente.

Então vamos lá.

Afirmações positivas de Gratidão para

mais e mais Bênçãos em minha Vida

❈ Ser criativo permite que eu seja eu mesmo. Posso mostrar ao mundo minhas ideias e mudar vidas por intermédio de minhas criações.

❈ Eu fujo do óbvio. Eu busco ser diferente e influencio as pessoas com novas formas de pensar.

❈ Quando sou desafiada a assumir qualquer função, abro minha mente para que minha criatividade entre em ação. Realizo minha tarefa com alegria e prazer.

- Agradeço porque sou uma pessoa talentosa e única. Sei que sou capaz de viver grandes experiências pela minha forma de pensar.

- As ideias surgem em minha mente com muita facilidade. Elas fluem através do amor e da fé que residem em mim.

- Eu amo meus filhos. Eles são um presente e uma benção em minha vida.

- Sou grato porque sou um exemplo para meus filhos. O comportamento deles é reflexo de quem eu sou e dos ensinamentos que eu lhes passei.

- Sei aproveitar o tempo que tenho ao lado dos meus filhos. Valorizo cada segundo e estou sempre atenta a tudo que eles desejam dizer.

- Dou liberdade para que meus filhos possam se expressar, e dou espaço para que sejam eles mesmos.

- Fico feliz em ajudar as pessoas, mesmo sabendo que nem sempre ganharei algo em troca. Meus gestos de amor independem das atitudes dos outros.

Agradeço pelo olhar que tenho em relação as pessoas e em relação ao mundo que é repleto de bondade e ternura. Sei que ser caridoso é uma virtude que flui através da minha empatia pelas pessoas.

❄ Tenho consciência de que quando sou bom para os outros sou ainda melhor para mim mesmo.

❄ Exprimo minha generosidade por intermédio dos meus pensamentos e gestos. Minhas ações estão repletas de amor, humildade e vontade de fazer a diferença ao meu redor.

❄ Sou grato porque sou uma pessoa positiva e que pensa sempre no bem-estar e no conforto das outras pessoas.

❄ Ao meu lado há pessoas maravilhosas e especiais. Elas me ajudam a fortalecer o meu caráter.

- Meu caráter é lapidado todos os dias a partir dos meus pensamentos e das escolhas que faço. Por isso, eu opto por sempre alimentar a minha alma com boas energias.

- Sou grato por ser um exemplo para meus familiares e amigos. Reflito o que há de melhor em mim para que eles compartilhem da mesma honestidade e bondade.

- Tenho liberdade para ser quem eu quiser com o meu parceiro.

- Minha sexualidade é libertadora. Sou capaz de me expressar de inúmeras maneiras e diferentes modos os meus desejos mais profundos.

- Agradeço porque me aceito como sou e quero poder experimentar coisas novas, com respeito e amor.

- Tenho confiança e plena certeza de que sou a melhor versão de mim mesma na cama. Sou simplesmente única.

❄ Sou realizada em todas as minhas fantasias, e retribuo com o mesmo cuidado, afeto e atenção.

❄ Tenho fé no Deus em que eu acredito. Ele sempre está ao meu lado, guiando meus pensamentos e iluminando meu caminho.

❄ A paz que há em mim se espalha ao meu redor. Eu peço que ela me proteja e fortaleça o meu espírito para que eu seja luz por onde quer que eu vá.

❄ Eu desejo crescer espiritualmente, sempre respeitando as diferenças e escolhas das outras pessoas.

O universo conspira a meu favor. Eu confio em sua proteção, pois sou amada e respeitada por Ele.

Agora é a sua vez.
Anote aqui as **afirmações positivas de gratidão criadas por você:**

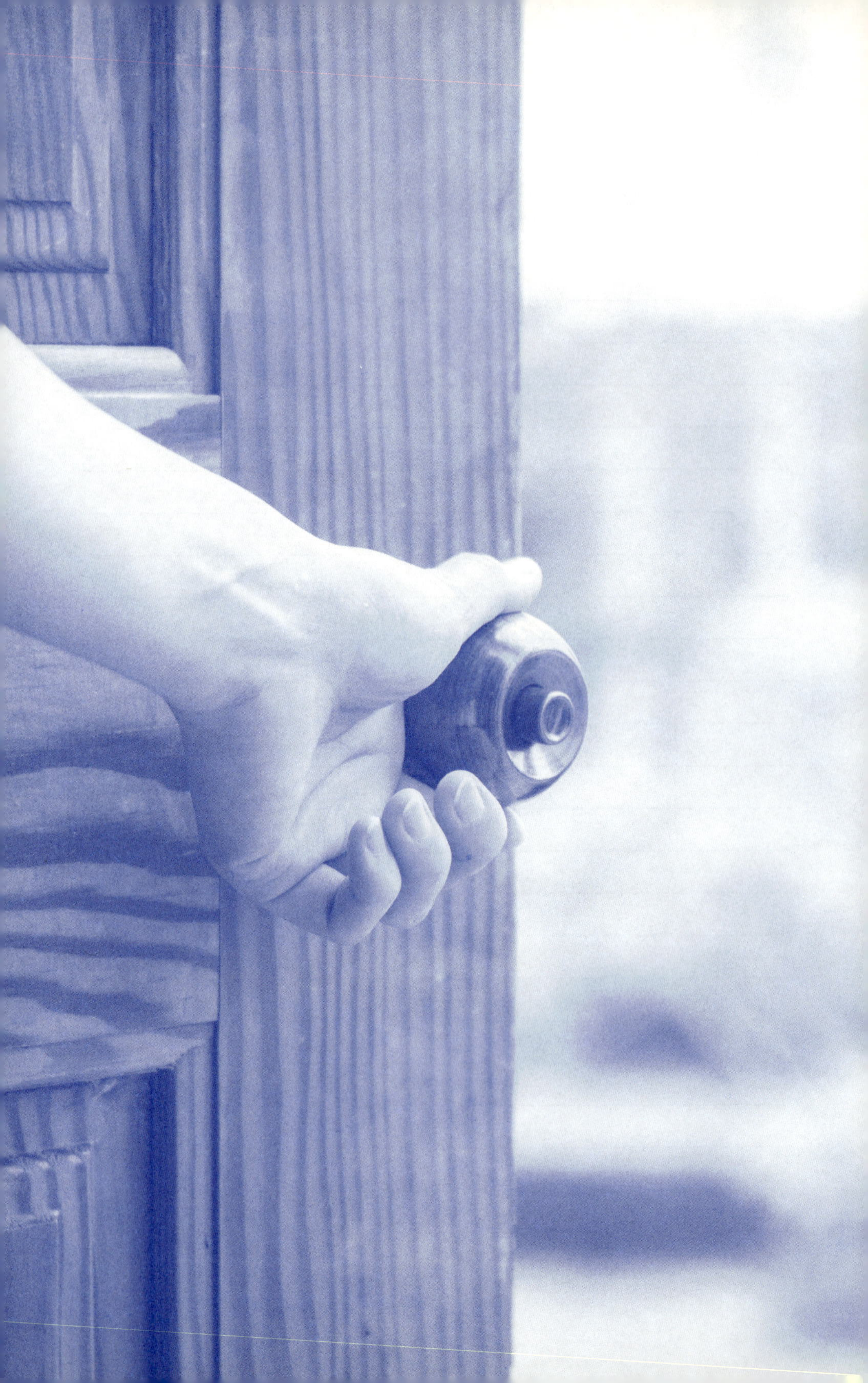

É HORA DE RECOMEÇAR

Eu quero te fazer uma pergunta: por quanto tempo você quer manter essa nova vida feliz, harmoniosa, saudável, prospera que está construindo agora? O quê? Até o final da sua vida? Então é por esse mesmo tempo que deve praticar os exercícios de reprogramação mental para a gratidão.

Isto significa que ao concluir a jornada de 33 dias você deverá recomeçá-la, e então recomeçá-la novamente, até que as frases todas tenham sido decoradas e venham espontaneamente em sua mente várias vezes por dia. Sim, é isso mesmo, porque até hoje os pensamentos negativos ocupavam exatamente esse mesmo espaço em sua mente.

E se as coisas ainda não entraram todas no eixo? Olha, não fique imaginando que tudo vai se resolver num passe de mágicas, em 33 dias. O que essa jornada faz por você não é mudar a sua vida completamente de um dia para o outro, e sim mudar você. Quando isto acontece, tudo também começa a se transformar.

Talvez seja necessário repetir novamente a jornada para começar a enxergar os resultados. Lembre-se que você plantou as sementes erradas por anos a fio, e agora é que começou a semear corretamente. Precisa aguardar até que as sementes nasçam e floresçam.

E não fique procurando mudanças radicais. Treine o olhar para enxergar os pequenos milagres e agradeça por eles. Como a vida dá mais do mesmo, ela perceberá que você gostou e enviará outros pequenos milagres. Assim, quando você menos esperar, sua vida terá se transformado completamente.

Recomece, recomece, recomece. E continue praticando a gratidão até o último dia de sua vida. Lembre-se de continuar **fazendo acontecer**!

Tenho certeza de que Deus vai continuar te abençoando, e desejo que você mantenha as portas do seu coração abertas para receber todos os presentes que a vida tem para te dar.

Acompanhe-me nas redes sociais:
Facebook: www.facebook.com/marcialuz.fanpage
YouTube: www.youtube.com/user/marcialuztv/
Site: www.marcialuz.com

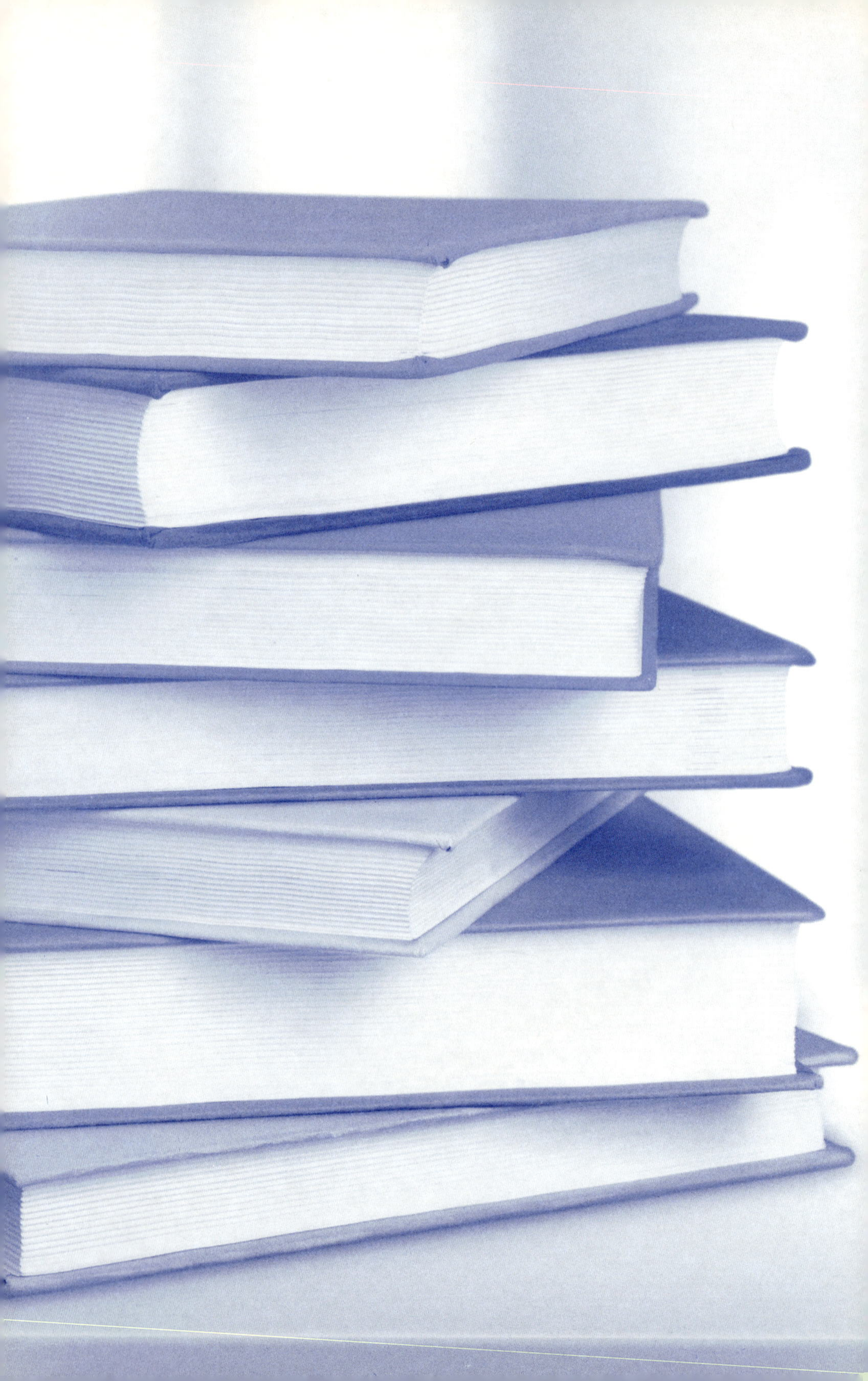

Bibliografia Consultada

ADAMS, C. *Terapia da Gratidão.* São Paulo: Ed. Paulus, 2002.

BYRNE, R. *A Magia.* Rio de Janeiro: Sextante, 2015.

COVEY, S. *Os 7 hábitos das pessoas altamente eficazes.* São Paulo: Editora Best Seller.

FRANCO, D. *Psicologia da Gratidão.* Salvador: Editora Leal, 2011.

FRANKL, V. E. *Em Busca de Sentido.* 2. Petrópolis: Ed. Vozes, 1991.

GIMENES, B. *O Criador da Realidade.* Editora Luz da Serra. 2010.

HAY, L. *Eu consigo.* Editora Pergaminho. 2004

KELLY, M. *Os sete níveis da intimidade.* Rio de Janeiro: Sextante, 2007.

LUZ, M. *A Gratidão Transforma.* São Paulo: Ed. DVS, 2016.

_____. *A Gratidão Transforma sua Vida Financeira.* São Paulo: Ed. DVS, 2016.

_____. *A Gratidão Transforma sua Saúde.* São Paulo: Ed. DVS, 2017.

YVES, A. *Caderno de Exercícios de Gratidão.* Petrópolis: Ed. Vozes, 2015.

OUTROS LIVROS DA AUTORA:

A Gratidão Transforma

A Gratidão Transforma a sua Saúde

A Gratidão Transforma a sua Vida Financeira

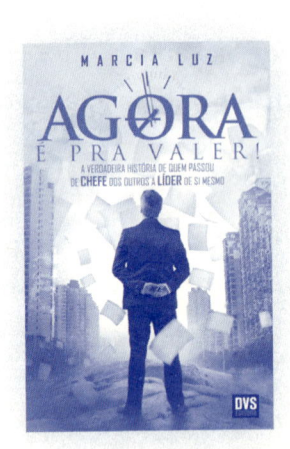

Agora é Pra Valer!

Coach Palestrante

DVS EDITORA

www.dvseditora.com.br

GRÁFICA PAYM
Tel. [11] 4392-3344
paym@graficapaym.com.br